Frauke Dietrich

Wenn das Seichte nicht mehr trägt

Frauke Dietrich

Wenn das Seichte nicht mehr trägt

Fromm Verlag

Impressum / Imprint
Bibliografische Information der Deutschen Nationalbibliothek: Die Deutsche Nationalbibliothek verzeichnet diese Publikation in der Deutschen Nationalbibliografie; detaillierte bibliografische Daten sind im Internet über http://dnb.d-nb.de abrufbar.

Bibliographic information published by the Deutsche Nationalbibliothek: The Deutsche Nationalbibliothek lists this publication in the Deutsche Nationalbibliografie; detailed bibliographic data are available in the Internet at http://dnb.d-nb.de.

Coverbild / Cover image: www.ingimage.com

Verlag / Publisher:
Fromm Verlag
ist ein Imprint der / is a trademark of
AV Akademikerverlag GmbH & Co. KG
Heinrich-Böcking-Str. 6-8, 66121 Saarbrücken, Deutschland / Germany
Email: info@frommverlag.de

Herstellung: siehe letzte Seite /
Printed at: see last page
ISBN: 978-3-8416-0394-4

Inhaltsverzeichnis

Vorwort

Ich weiß nicht, ob es sinnvoll ist in den Zeiten, wo so viele Lebensberichte aufgeschrieben und veröffentlicht werden, dieses Buch zu schreiben. Ich habe lange darüber nachgedacht. Da ich aber im Jahre 2012 meine Geschichte so oft erzählt habe (im Radio, Internet und persönlich) dachte ich mir, warum nicht auch noch andere Menschen an meinen Erlebnissen teilnehmen lassen und von der wunderbaren Gnade Gottes zu erzählen, die mir zuteil wurde und immer noch wird.

Dieses Buch möge Ihnen helfen, Leid zu ertragen, sich immer an Gott zu wenden und nie das Vertrauen auf Gott zu verlieren. Er hat versprochen bei uns zu sein bis ans Ende unserer Tage. Wir leben nun mal in dieser Welt, die von Leid und Schmerz geprägt ist, aber mit Gott und Jesus, kann man dennoch froh sein. Gott sagt in seinem Wort: „Gott ist treu, der euch nicht versuchen lässt über eure Kraft, sondern macht, dass die Versuchung so ein Ende nimmt, dass ihr's ertragen könnt. (1. Korinther 10,13)

Ich bin mir sicher, dass Gott alles zugelassen hat, damit ich dies aufschreibe und weitergebe um damit seinen Namen zu verherrlichen und hoffe, meine Geschichte berührt Sie und hilft Ihnen.

Ich erzähle alles aus meiner Sicht. Sicher gibt es Menschen, die viele Dinge anders sehen, aber so wie ich es erzähle, habe ich es erlebt und empfunden. Die Namen von einigen Personen habe ich geändert.

Frauke Dietrich

1. Mein Trauma vor dem Trauma

Im August 1969 wurde ich in Siegen/Nordrhein-Westfalen als viertes Kind geboren. Ich habe zwei Schwestern, Maria und Regine, und einen Bruder, Marco. Noch in Siegen wurde Detlef als Pflegekind in unsere Familie geholt, sodass wir insgesamt fünf Kinder waren. Als ich ca. zwei Jahre alt war zogen wir nach Rheinland-Pfalz und ab meinem vierten Lebensjahr wohnten wir in Frankenthal/Pfalz. Dort ging ich in den Kindergarten, zur Grundschule etc.

Meine Eltern gehörten zur Freien evangelischen Gemeinde (FeG). Da es in Frankenthal keine FeG gab, suchten wir uns die naheste aus und fanden diese in Worms. Ich ging also seit meinem dritten Lebensjahr in die FeG Worms und besuchte alle Gruppen die es gab: Kindergottesdienst, Jungschar, Teenkreis.

Mit fünf Jahren hatte ich meine erste Lungenentzündung und musste danach für vier Wochen in den Schwarzwald in Kur. Früher gab es noch keine Mutter-Kind-Kuren, und meine Mutter hätte auch die andern vier nicht so lange alleine lassen können. Also wurde ich in den Schwarzwald gebracht und musste alleine zurechtkommen. Das war für mich ein traumatisches Erlebnis, da ich sehr unter Heimweh litt. Dieses Alleingelassensein prägte mich mein ganzes Leben, bis heute. Egal wo ich alleine hinfahre, ich verbringe immer eine Zeit des Weinens, da ich extrem unter Heimweh leide.

Mit 13 Jahren bekam ich wieder eine Lungenentzündung und musste wieder in Kur, dieses Mal an die Nordsee und das gleiche Spiel begann von vorne.

Mit 14/15 Jahren ging ich dann auch in den FeG-Chor. Meine Familie ist sehr musikalisch, deswegen waren wir auch im Chor sehr gut vertreten. Meine Mutter und Regine sangen im Alt, Maria und ich im Sopran, und als Marco auch noch hinzukam sang er im Tenor.

Da ich in der FeG sehr präsent war durch die vielen Aktivitäten, hatte ich außerhalb der Gemeinde so gut wie keine Freunde. In der Schule kam ich gerade so mit, doch richtigen Kontakt zu meinen Schulkameradinnen fand ich nie besonders. Also hielt ich mich mehr an die Gemeinde. Da wir jedoch in Frankenthal wohnten und fast alle anderen in Worms, war auch dies etwas schwierig. So blieb ich oft alleine oder spielte mit meinen Brüdern, denn je älter meine Schwestern wurden, desto weniger wollten sie mit mir spielen. Wir wurden oft als die „drei Kleinen“ bezeichnet. Ich hielt mich viel mit Lesen und Musikhören auf. Mit 13 bekam ich einen Job als Babysitterin und verdiente mir ein bisschen Geld, das ich für mein erstes eigenes Fahrrad sparte, da ich ansonsten immer nur die alten Fahrräder meiner Schwestern bekam.

So verbrachte ich meine Kindheit und Jugend mit Aktivitäten in der Gemeinde, Lesen und Musikhören.

Mein Vater war selten zu Hause, da er sowohl beruflich als auch in Vereinen sehr stark engagiert war. Er war 1. Vorsitzender des Hundesportvereins, obwohl wir nie einen Hund besaßen. Wir Kinder wollten schon, aber wir bekamen nie einen. Politisch war er auch sehr engagiert, sogar bis in den Stadtrat, weshalb er noch seltener zu Hause war, und wenn, dann saß er meistens am Schreibtisch.

Mit 16 Jahren verstand ich endlich, was Jesus für mich am Kreuz getan hat, dass Er für meine Sünde und Schuld gestorben ist und ich nur leben darf, weil Er mich so sehr liebt. Diese Erkenntnis veränderte mein Leben und ich sang die Lieder im Chor mit ganz anderem Hintergrund, da ich die Inhalte nun besser nachvollziehen konnte.

Meine Schwestern orientierten sich dann mehr zu einer anderen Gemeinde, sodass sie ca. 1984/85 die FeG Worms verließen. Somit waren nur noch Mutti, Marco und ich im Chor vertreten. Das Singen machte mir besonders viel Freude. Ich blühte dort richtig auf. Und so fand ich es super, dass unser Chorleiter 1986 die Idee hatte, an Weihnachten die Weihnachtsgeschichte in

Chorform und Solostimmen aufzuführen. Ich freute mich sehr, als er mir einen der Soloparts gab und übte ganz fleißig. Die Chorstunden machten mir, wie gesagt, sehr viel Spaß und ich fieberte meinem ersten Soloauftritt entgegen.

2. Es hätte ´O du fröhliche…`erklingen können

Das, was ich jetzt hier niederschreibe, weiß ich alles nur aus Erzählungen, da ich selber keinerlei Erinnerungen habe.

Unsere Christvesper sollte am 24.12.1986 um 17 Uhr stattfinden. Ich machte mir besonders viel Mühe gut auszusehen, zog meinen Lieblingsrock und meinen Lieblingspullover an und nahm verbotener Weise die Bluse meiner Schwester Regine. Regine lernte Krankenschwester in Gummersbach und hatte in diesem Jahr Dienst an Weihnachten, so konnte ich unbemerkt ihre Bluse nehmen und sie später wieder zurückhängen. Das würde sie schon nicht merken. Eine Freundin steckte mir die Haare hoch und schminkte mich ein wenig. Währenddessen sang ich immer wieder meinen Solopart durch. Da wir vom Chor uns noch einsingen mussten, fuhren meine Mutter, Marco und ich schon um 15:15 Uhr nach Worms. Mein Vater wollte mit Maria und Detlef später kommen. Normalerweise stritten Marco und ich uns immer, wer vorne sitzen sollte, aber an diesem Tag war es mir wohl egal, da ich sehr aufgeregt war. Meine Mutter hatte auch ihr schönstes Kleid an, das sie immer zu besonderen Anlässen trug, und sah sehr hübsch aus.

Wir fuhren also mit Muttis Opel Kadett nach Worms. Es war kaltes, sonniges Wetter, die Straßenränder waren mit dünnem Schnee bedeckt, die Fahrbahn war frei von Schnee, teilweise trocken.

Wir fuhren von Bobenheim-Roxheim kommend Richtung Worms und wollten links abbiegen um zur Gemeinde zu kommen. Als wir von zu Hause losfuhren, saß ich hinter dem Beifahrersitz, angeschnallt. Ich musste mich kurz vor der Linksabbiegespur abgeschnallt haben und hinter den Fahrersitz gerutscht sein, um nochmals einen Blick in den Rückspiegel zu werfen, ob meine Frisur auch noch saß.

Die Straße ist sehr übersichtlich und man sieht sehr gut wenn ein Auto von Worms kommt. Die Geschwindigkeit dort beträgt 60 km/h. Meine Mutter sah das entgegenkommende Auto sicherlich, aber da es noch weit weg war, dachte sie wohl, sie kann fahren. Leider fuhr der andere mit seinem Mercedes keine 60 km/h sondern deutlich schneller. Er sah, dass Mutti abbog und stieg auf die Bremse, jedoch verhinderte das den Aufprall nicht mehr. Er hinterließ eine 19,1 m lange Bremsspur und traf mit seiner Vorderfront die rechte Seite unseres Opels zwischen Vorderrad und Hinterrad. Dabei wurde der Fahrgastraum unseres Autos bis hin zum Fahrersitz eingedrückt. Durch den Anstoß wurde unser Auto über eine Verkehrsinsel hinweg 17,1 Meter weit nach vorne rechts weggeschoben. Der Mercedes wurde am Frontbericht stark beschädigt und kam erst nach 31,5 Metern zum Stehen. Im Nachhinein wurde festgestellt, dass der Mercedes beim Aufprall noch 72 km/h schnell fuhr und vorher mindestens 96 km/h.

Hinter uns fuhr ein anderes Auto. Der Fahrer hatte den Aufprall gesehen und sofort angehalten. Meine Mutter blutete leicht aus der Nase. Mein Bruder hatte eine stark blutende Verletzung. Ich lag über der Rücksitzlehne im Kofferraum und wurde von dem Helfer aus dem Auto geholt und im Arm gehalten bis der Rettungswagen und der Rettungshubschrauber kamen welche Anwohner gerufen hatten.

Meine Mutter wurde sofort im Stadtkrankenhaus Worms eingeliefert, wo sie um 16:15 Uhr an den Unfallfolgen verstarb.

Mein Bruder Marco erlitt neben schweren Schnittwunden im Gesicht eine Oberschenkelfraktur, einen offenen Schienbeinbruch, eine Beckenringfraktur einen Leber- und einen Harnröhrenriß. Er wurde nach Heidelberg in die Uniklinik geflogen.

Ich wurde mit dem Rettungshubschrauber nach Mannheim in die Uniklinik geflogen. Dort stellten die Ärzte folgende Verletzungen fest:

Polytrauma mit contusio cerebi (= Mehrfachverletzung/Quetschung des Großhirns von lebensbedrohlichem Charakter – Hirnquetschung/Hirnprellung)

Subduralhämatom links (= Bluterguss zwischen harter und weicher Hirnhaut)

Hämatopneumothorax rechts bei Fraktur der 8. Rippe rechts (= Bluterguss und Luftansammlung zwischen Brustfell und Lunge mit total oder teilweisen Lungenzusammenfall bei Bruch der 8 Rippe)

Beckenringfraktur (= Beckenringbruch)

Iliosacralfugensprengung (= Fugensprengung zw. Kreuz und Darmbein)

Stumpfes Bauchtrauma mit Milz und Leberruptur (= stumpfes Bauchtrauma mit Milz - und Leberzerreißung)

Schneidezahnverlust

Die Ärzte kämpften bei einer Fünf-Stunden OP um mein Leben. Meine Leber wurde mit Netzen wieder versucht zusammenzuhalten. Meine Haare wurden komplett abgeschnitten. Ich bekam eine Sonde in den Kopf gebohrt, um das Blutgerinnsel ablaufen zu lassen. Die Milz wurde entfernt, da sie nicht mehr zu retten war.

Während dieser ganzen Zeit fuhr der Rest meiner Familie ahnungslos nach Worms um in den Gottesdienst zu gelangen. An der Unfallstelle konnten sie dieses mal nicht links abbiegen. Ein Polizist zeigte ihnen an, dass sie weiter geradeaus fahren sollten. Maria drehte sich nochmal um und schrie mit Entsetzen auf „das ist Muttis Auto, Papa halt sofort an“. Mein Vater wendete das Auto und fuhr zurück zur Unfallstelle. Die Polizisten konnten ihnen nur mitteilen, wo wir drei hingebracht wurden. Der Gottesdienst war vergessen. Schnell fuhren Papa, Maria und Detlef ins Stadtkrankenhaus nach Worms. Sie dachten, dass Mutti nicht so schwer verletzt sein würde, wenn sie nach Worms gebracht wurde. Dort wurden sie jedoch von einer Schwester in Empfang genommen, die ihnen sagte, sie sollen kurz auf den Arzt warten, der ihnen mitteilte, dass Mutti bei dem Unfall leider verstorben sei. Sie hatte sich das Genick gebrochen. Alle standen fassungslos da. Man gab ihnen Muttis Sachen und fragte sie, ob sie Mutti sehen wollten. Mein Vater verneinte dies mit der Begründung, man wolle Mutti so in Erinnerung behalten wie sie war.

Währenddessen machte man sich auch im Chor der Freien evangelischen Gemeinde Sorgen, wo wir denn bleiben würden. Wir waren immer superpünktlich und jeder wunderte sich, deshalb fuhr Klaus aus dem Chor uns entgegen und gelangte schließlich zu der Unfallstelle. Er hörte, was passiert war und fuhr traurig zurück zur FeG. Der Gottesdienst hatte bereits begonnen, deswegen wollte er die Aufführung nicht stören. Meinen Part übernahm die Pastorenfrau, die mit mir oft geübt hatte. Nach dem Gottesdienst erzählte Klaus von dem Unfall. Eine Frau aus unserer Gemeinde arbeitete als Krankenschwester im OP des Stadtkrankenhaues und rief ihre Kollegin an, die ihr mitteilte, dass Mutti verstorben sei. Die Gemeinde versammelte sich sofort, um für Marco und mich zu beten, obwohl man noch gar nichts Genaues wusste.

Meine Familie fuhr nach Hause um in Heidelberg und Mannheim anzurufen. Jedoch erfuhren sie nicht sehr viel, da Marco und ich noch operiert wurden. Also machten sie erst einmal die Anrufe. Sie riefen meine Schwester Regine in Gummersbach an, die schon auf einen Anruf wartete. Wenn Regine Dienst an Weihnachten hatte, sangen wir ihr ein Weihnachtslied am Telefon. Freudig ging sie ans Telefon und erfuhr die schreckliche Nachricht. Sofort ließ sie sich von einer Kollegin vertreten um nach Hause zu fahren. Auch bei den Nachbarn haben wir an Weihnachten immer ein Lied gesungen. Sie waren genauso schockiert wie alle andern auch, zumal man immer noch nichts von Marco oder mir gehört hatte.

Bei uns gab es an Heilig Abend traditionsgemäß Bockwürstchen und Salate und da wir zu sechst waren, hatte Mutti dementsprechend viel Salate gemacht und auch die Würstchen lagen schon im Topf. Doch niemand hatte Lust etwas zu essen.

Endlich kamen die ersehnten Anrufe aus den Krankenhäusern. Marco ging es den Umständen entsprechend gut, sein rechtes Bein war komplett fixiert mit Schrauben. Er wurde ruhig gestellt. Das waren schon mal positive Nachrichten.

Die Nachrichten aus Mannheim waren weniger erfreulich. Man hatte mich wieder einigermaßen zusammengeflickt. Was den Ärzten jedoch Sorgen machte, war meine Kopfverletzung. Ich lag im Koma und niemand wusste, ob ich es überleben würde.

Mein Vater rief unseren Pastor an, um ihm von Marco und mir zu berichten. Dieser startete einen Telefonrundruf, um alle aus der Gemeinde um Fürbitte zu bitten, denn jetzt konnte nur noch Gott helfen. Abwechselnd fuhr meine Familie einmal nach Heidelberg und dann nach Mannheim.

In der Nacht vom 24. auf den 25.12.1986 schlief meine Familie so gut wie gar nicht. Regine wurde vom Bahnhof abgeholt und alle saßen zu Hause am Telefon und warteten auf Anrufe aus den Krankenhäusern. Irgendwann versuchten sie zu schlafen. Am 25.12. ging die Fahrerei wieder abwechselnd zu den Krankenhäusern. Mein Zustand war sehr kritisch, ich hing an vielen Schläuchen und Geräten. Zwischendrin wurde ich noch einmal operiert, da das Netz um die Leber nicht gehalten hatte und ein neues eingesetzt wurde. Die Ärztin schickte meine Familie wieder nach Hause, da man abwarten musste. Sobald eine Veränderung eintreten würde, würde sie sofort anrufen.

Der Anruf kam abends am 25.12.1986.

Meine Familie sollte sofort kommen, bei mir sei der Hirntod eingetreten. Schnell fuhren sie nach Mannheim. Regine sah auf den Monitor und er zeigte bei den Hirnströmen eine Nulllinie an. Die Ärztin machte ihnen keine großen Hoffnungen mehr. Wenn der Hirntod mal da war, würden die anderen Organe auch bald aussetzen. Noch wurde ich anhand von Maschinen am Leben erhalten. Sie gab ihnen ein Formular, ob sie mit einer Organentnahme einverstanden seien. Meine Schwester bestand jedoch darauf, mindestens 24 Stunden abzuwarten. „Wir glauben an Wunder und dass Gott etwas ändern kann“ sagte sie der Ärztin. Also fuhren sie wieder nach Hause, informierten die Gemeinde und baten um Gebetsunterstützung. An Schlaf war wieder kaum zu denken.

Am 26.12.1986 morgens erhielten sie einen Anruf aus Mannheim. Die Ärztin rief an und sagte sie könne es sich nicht erklären, aber die Hirnströme seien wieder da, aber dennoch muss man Geduld haben, denn ich sei noch nicht überm Berg.

Dass jedoch die Hirnströme wieder da waren, war eindeutig für alle ein Handeln Gottes.

Die künstliche Beatmung wurde ein paar Tage später eingestellt und ich konnte selbstständig atmen. Auch die Sonde zum Ablaufen des Blutgerinnsels wurde nach einiger Zeit entfernt. Es folgten Tage, in denen meine Familie versuchte, irgendeine Reaktion von mir zu bekommen. Sie redeten mit mir, spielten meine Lieblingsmusik, doch ich reagierte nicht. Als ich schließlich nach fast drei Wochen aus dem Koma erwachte, war bei allen die Freude groß. Regine hatte mittlerweile in Gummersbach gekündigt da sie davon ausging, dass ich eventuell ein Pflegefall werden würde.

Die Beerdigung von Mutti fand währenddessen am 30.12.1986 statt. Der Friedhof war so voll wie noch nie, der Chor aus der FeG Worms sang einige Lieder, soweit sie das konnten, denn allen liefen die Tränen. Auch jetzt wollte meine Familie Mutti nicht mehr sehen. Es war eine sehr bewegende Beerdigung.

Dies alles kenne ich nur aus Erzählungen, aber es zeigt mir: Gott handelt, wenn wir ihn ernstlich darum bitten und ich danke hiermit noch einmal allen, die in dieser Zeit für mich gebetet haben, denn ohne diese Gebete und ohne Gottes ´Ja` zu meinem Leben wäre ich heute nicht mehr hier.

3. Da war Muttis Sessel – aber ohne Mutti

Ich wachte also im Januar 1987 aus dem Koma auf, dünn, blass, ohne Haare, ohne Schneidezahn – aber ich lebte. Ich wusste gar nicht wo ich war und was passiert war. Ich lag in einem Bett auf der Intensivstation und sah mich erstaunt um. Mein Vater und meine Schwestern standen an meinem Bett und ich fragte, was passiert sei. Sie sagten mir nur, ich hätte einen Unfall gehabt. Ich gab mich erst einmal damit zufrieden, da ich eh noch ganz verwirrt war. Aber alle waren froh, dass ich wieder wach war und ansprechbar und vor allem, dass ich sprechen konnte.

Nachdem ich wach war, beschlossen die Ärzte zusammen mit der Uniklinik Heidelberg meinen Bruder Marco nach Mannheim zu verlegen, da dies meinen Heilungsprozess sicher fördern würde. Marco war wesentlich ansprechbarer als ich, da er schon länger aus dem künstlichen Koma geholt wurde. Er musste nur strikt das Bett hüten, damit seine Knochenbrüche heilen konnten.

Ich wurde darüber informiert, dass Marco nach Mannheim kommen würde, was mich zunächst wunderte, da ich nicht gewusst hatte, das Marco auch einen Unfall hatte. Mir wurde dann gesagt, dass wir den Unfall zusammen hatten. Von Mutti erfuhr ich noch nichts. Als Marco dann da war, wurde ich in einem gepolsterten Rollstuhl, es war eher wie eine Art Liege, gehoben und ich durfte nach oben zu ihm. Ich war schon aufgeregt. Als ich das Zimmer betrat, sah ich ihn im Bett liegen, sein rechtes Bein voller Schrauben und Gestelle, die Barthaare ab und er war deutlich dünner geworden. Ich sagte zu ihm „du siehst aber komisch aus“ worauf er nur erwiderte „du aber auch, so ganz ohne Haare“. Ich musste lachen. Zum Glück hatte ich noch keinen Spiegel in der Hand gehabt und hatte mich noch nicht gesehen.

Jeden Tag durfte ich nun auf die Station hoch und Marco besuchen. Ich genoss diese Zeit mit ihm, manchmal waren wir als ganze Familie zusammen, außer Mutti!

Natürlich fiel mir das irgendwann mal auf. Es war ein Tag, an dem Maria und Papa bei mir waren. Ich sah sie an und fragte: „Warum kommt Mutti mich eigentlich nie besuchen? Wo ist sie denn?" Maria sah Papa an. Es war genau der Moment, an dem sie eigentlich nicht wirklich hier sein wollte. Papa sagte mir nur „sie kann nicht kommen." Ich wunderte mich sehr. „Warum denn nicht, hat sie die Beine gebrochen?" Dann erzählte mir Papa ungefähr fünf Wochen nach dem Unfall, dass wir zu dritt den Unfall hatten und dass Mutti dabei gestorben war. Und er sagte mir auch noch, dass die Beerdigung schon stattgefunden hatte. Ich sah die beiden an und sagte nur: „Danke, dass ihr es mir gesagt habt." Kurze Zeit später gingen die beiden. Ich starrte vor mich hin. Meine Mutti war nicht mehr da. Nie würde ich sie wiedersehen. Und ich kann mich an nichts mehr erinnern. Ein Pfleger kam herein und sah an meinem Gesichtsausdruck, dass ich die Wahrheit erfahren habe. Die Tränen liefen über meine Wangen und er nahm mich in den Arm um mich zu trösten. Ich fragte, ob ich nochmal zu Marco könnte. Normalerweise durfte ich nur einmal am Tag zu ihm, aber da machten sie eine Ausnahme. Als ich in das Zimmer von Marco kam fragte ich ihn sofort „Hast du das mit Mutti gewusst?" Er nickte nur. „Und du hast mir nichts gesagt?" Er antwortete: „Ich durfte nicht. Du solltest selber fragen". Wir weinten zusammen und ich wurde dann wieder nach unten auf die Intensivstation gebracht.

In dieser Nacht weinte ich sehr viel, da ich vieles nicht verstand. Was ist genau passiert, und warum ausgerechnet uns?

Einige meiner Freunde und Bekannten durften mich auch auf der Intensivstation besuchen. Ich merkte immer ihren erschrockenen Gesichtsausdruck wenn sie mich das erste Mal sahen und wunderte mich. Ich selber hatte mich noch gar nicht gesehen, deshalb verlangte ich eines

Tages von der Schwester einen Spiegel. „Bist du sicher, dass du das sehen willst“ fragte sie mich. Ich bestand darauf. Also gab sie mir einen Handspiegel. Ich drehte ihn herum und sah hinein. Ich war nicht auf das vorbereitet, was ich dort sah. Keine Haare auf dem Kopf, aufgrund der Sonde ein Loch in meiner rechten Kopfhälfte, mein Schneidezahn fehlte und ich war auf 45 kg abgemagert. Verzweifelt schmiss ich den Spiegel fort und fing an zu weinen. Auf so etwas war ich nicht gefasst. Ich fühlte mich so hässlich. Die Schwester kam herein und versuchte mich zu trösten. „Das wird wieder, bald bist du wieder ganz die Alte, und deine Haare werden wieder wachsen.“ Doch es half nicht. Ich fand mich nur noch hässlich.

Nach sechs Wochen Intensivstation verlegten sie mich mit Marco nach Oggersheim in die BG-Unfallklinik. Weder Marco noch ich konnten zu diesem Zeitpunkt laufen, sodass Marco im Liegen und ich im Sitzen in einem Krankenwagen dorthin gebracht wurden. Marco hatte immer noch einen externen Fixateur an seinem rechten Bein befestigt und es sollte noch einige Zeit dauern, bis er überhaupt aufstehen konnte. Ich selbst fing früher an, das Laufen wieder zu lernen. Zuerst sollte ich mich auf die Bettkante setzen und langsam versuchen mit Unterstützung der Schwester aufzustehen. Da mir aber sofort schwindlig wurde, musste das alles sehr langsam geschehen. Nach einigen Tagen konnte ich mit einer Gehhilfe einige Schritte gehen. Ich kam mir vor wie eine alte Frau, als ich so den Gang entlang schlurfte. Viel zugenommen hatte ich auch nicht, sodass ich mir immer noch sehr hässlich vorkam. Meine Haare begannen zwar wieder zu wachsen, aber mein Zahn fehlte immer noch und ich fühlte mich sehr unwohl. Täglich besuchte ich Marco, der für mich mein einziger Halt war in dieser Zeit, da wir dasselbe durchmachten. Natürlich bekamen wir jede Menge Besuch aus unserer Gemeinde und auch von der Familie, aber dennoch war Marco für mich meine Bezugsperson. Ich konnte immer noch nicht so recht verstehen, was uns eigentlich passiert war, da ich nur wusste, dass wir einen Unfall hatten und Mutti dabei gestorben war. Was genau geschehen war, hatte mir immer noch niemand gesagt. Jeder schien fröhlich wenn er zu mir kam und versuchte mich aufzumuntern. Sie machten mir immer Mut alles mitzumachen, was mir die Ärzte/Krankengymnasten und Therapeuten sagten. Ich wurde auch in die Ergotherapie geschickt und fertigte mir dort ein selbstgemachtes Tablett aus Korb an, das ich noch Jahrzehnte besaß, bis es schließlich doch kaputt ging.

Eines Tages klopfte es an meine Zimmertür. Ein Mann kam herein und sah sich suchend um. Dann ging er auf mich zu und fragte, ob ich Frauke sei. Ich nickte, und er reichte mir die Hand. „Ich heiße Herbert und bin dein Lebensretter." Er hatte mir ein Stück Torte mitgebracht, setzte sich zu mir, und das erste Mal hörte ich, wie der Unfall passiert war. Herbert war der Fahrer, der hinter uns gefahren war und mich aus dem Kofferraum des Autowracks hob und hielt, bis der Rettungswagen kam. Ich hörte ihm sehr aufmerksam zu. Nachdem Herbert mir alles erzählt hatte, fragte ich ihn, ob er nicht mitkommen möchte zu Marco. Gemeinsam gingen wir hoch und er erzählte Marco auch alles. Marco kannte die Geschichte von unserem Unfall auch noch nicht in allen Teilen. Jetzt erst wussten wir in etwa, was damals wirklich geschah.

Nach drei Wochen in der Unfallklinik wurde ich entlassen und sollte in die Rehaklinik nach Karlsbad Langensteinbach in Baden–Würtenberg. Die Klinik ist ungefähr 95 km weg von meinem Zuhause. Marco musste noch einige Zeit in der Unfallklinik bleiben. Doch bevor ich meine Rehabilitation antreten musste, durfte ich das erste Mal nach Hause. Was würde mich erwarten? Wie sah es zu Hause aus?

Papa holte mich ab und mit komischem Gefühl ging ich in unsere Wohnung. Papa brachte meine Sachen in mein Zimmer. Ich sollte mich erst mal ausruhen, aber das wollte ich nicht. Langsam ging ich durch die Wohnung. Noch war alles wie vorher. Ich traute mich kaum ins Wohnzimmer, geschweige denn in die Küche. Schließlich betrat ich das Wohnzimmer. Da war Muttis Sessel. Ein Kloß steckte mir im Hals und ich ging weiter in die Küche. Eigentlich sah alles aus wie immer, nur es fehlte jemand. Keine Mutti, die an ihrem Tisch saß einen Roman las und ihre Zigarette rauchte. Irgendwie kam mir alles so fremd und fehl am Platz vor. Irgendetwas fehlte!!! Mutti fehlte. Maria kochte das Essen, der Platz am Esstisch war leer. Die anderen hatten sich schon daran gewöhnt, doch für mich war es völlig neu. Aber die anderen merkten nicht wie ich mich fühlte, und ich schwieg.

Einige Tage später fragte ich Papa, ob ich auf den Friedhof gehen kann. Er meinte, das wäre noch zu früh für mich und ich nickte nur. Aber ich wäre so gerne hingegangen.

Ich musste noch zu einigen Untersuchungen zu verschiedenen Ärzten. Der Termin für die Reha war erst zwei Wochen später. Traurig packte ich meine Sachen für diesen längeren Aufenthalt in der Reha. Marco war immer noch in der BG-Klinik, konnte mittlerweile aber aufstehen und langsam lernen mit Krücken zu gehen. Er sollte in die Reha nachkommen.

So wurde ich Anfang März 1987 von Papa nach Karlsbad Langensteinbach gebracht. Ich bekam mein Zimmer auf der Neurologie III. Papa verabschiedete sich und fuhr nach Hause. Und wieder war ich allein in einer Kur/Reha. Ganz alleine, weit weg von zu Hause. Jeder hatte sein Leben, nur ich war ein körperliches und seelisches Wrack, hässlich und alleine in einer Klinik mit behinderten Patienten. Was soll ich eigentlich hier? Ich wollte nicht hierbleiben. Die Schwestern waren wirklich ganz, ganz lieb, aber ich versank in einer tiefen Depression und weinte fast nur noch. Alles tat mir weh, am meisten meine Seele und ich hatte nur noch den Wunsch zu sterben.

Ich dachte: Zu Hause haben es alle gut. Papa hatte anscheinend eine Freundin, Bärbel. Sie war sehr nett und kümmerte sich rührend um uns. Regine hatte mittlerweile angefangen im Frankenthaler Krankenhaus zu arbeiten und war ins Schwesternwohnheim gezogen. Maria war verlobt und würde sicherlich demnächst ausziehen. Also brach unsere Familie auseinander und ich musste hier in der Reha sitzen und „wieder gesund werden“. Es kam wie es kommen musste, ich wurde krank und bekam Fieber. Die Ärzte wussten nicht, woher das Fieber kam. Ich wurde untersucht und schließlich stellte man fest, dass sich in meiner Leber und im rechten Lungenflügel Eiter befand. Also wurde ich nach Karlsruhe in das St.-Vincent-Krankenhaus verlegt. Dort wurden mir in Lunge und Leber Drainagen gelegt, damit der Eiter abfließen konnte. Ich kam in ein Vierbettzimmer, welches eigentlich nur ein Dreibettzimmer war, ich kam als Akutpatientin. Insgesamt verbrachte ich drei Wochen in der Klinik, die im nachhinein die drei schlimmsten Wochen in meiner Krankenhauszeit waren. Das Leben in einem Vierbettzimmer war eine Sache, die Schmerzen die andere. Die Drainage aus meiner Lunge wurde mir zu früh herausgenommen. Ich bekam wieder Fieber und man legte mir eine neue, jedoch diesmal durch den Rücken. In einer Nacht bekam ich kaum noch Luft. Ich hatte solche Schmerzen beim Atmen, dass ich glaubte, ersticken zu müssen. Ich rief die Schwester und bat darum, die Drainage doch ein klein bisschen herauszuziehen, damit ich besser Luft bekäme. Sie meinte, das könne nur der Arzt machen, ich solle bis morgen früh warten. Ich versuchte damit klar zu kommen, doch die Schmerzen waren unerträglich. Wieder rief ich die Schwester und bat um dasselbe, doch ich bekam die gleiche Antwort. „Aber es muss doch einen Arzt im Haus geben?“ rief ich verzweifelt, wurde aber auf den nächsten Tag vertröstet. Diese Nacht werde ich nie vergessen. Ich bekam immer weniger Luft und dachte ich würde sterben. Am nächsten Morgen kam der Arzt und zog die Drainage ein paar Millimeter raus und ich konnte wieder atmen. Die ganze Quälerei blieb mir negativ in Erinnerung.

Natürlich bekam ich auch in Karlsruhe am Wochenende Besuch. Maria kam einmal mit Regine zusammen. Wir unterhielten uns eine Weile, dann sah ich, dass der Verlobungsring an Marias Hand weg war. Ich sah sie erstaunt an und fragte sie danach. Sie sagte, dass sie sich entlobt habe, was mich sehr erstaunte. Regine erzählte mir dann auch, dass sie sich von ihrem Freund getrennt hatte. Ich kannte beide Männer gut und war schon etwas traurig. Wieder alleine dachte ich über all die Veränderungen nach, die in den letzten Monaten passiert sind und konnte vieles doch nicht verstehen. Ich hatte auch immer wieder sehr starke Kopfschmerzen, so dass mir vieles auch noch recht schwer fiel. Lesen konnte ich nicht lange und auch Fernsehen fiel mir schwer. Ich wartete darauf, dass ich endlich diese Klinik verlassen konnte, obwohl ich nicht wusste, was danach kam. Man teilte mir mit, dass ich wieder in die Reha zurückkommen würde; das freute mich natürlich überhaupt nicht. Was sollte ich denn schon wieder da – allein. Das letzte Wochenende in der Klinik brachte die Wende. Ich bekam Besuch. Maria kam zusammen mit Detlef zur Tür herein und hinter ihnen kam auf Krücken Marco herein gehumpelt. Ich freute mich unbändig ihn wiederzusehen und fragte erstaunt, was er denn mache. „Ich warte in Langensteinbach auf dich in der Reha." Seit drei Tagen sei er schon dort und es würde Zeit, dass ich wieder komme. Ab dann konnte ich meine Entlassung kaum noch abwarten. Ich blühte richtig auf, wurde fröhlich, lachte wieder und verbrachte meine Zeit wann immer möglich mit Marco. Wir lagen nur ein Zimmer getrennt voneinander. Die Schwestern erkannten mich kaum wieder. Was war aus dem depressiven, traurigen Mädchen geworden? In mir begann eine Veränderung. Ich begann an mir zu arbeiten, machte ganz bewusst bei den Therapien mit. Marco zog mich manchmal auf, da ich immer den Fahrstuhl nahm anstatt die Treppen zu laufen. „So wirst du nie fit" sagte er, denn er lief natürlich die Treppen. Also lief ich auch die vielen Stufen denn ich wollte nun schnell wieder gesund werden. Meine Therapien kamen gut voran und langsam kam ich mir wieder wie ein Mensch vor. Wir lernten dort auch einige nette Menschen kennen, mit denen wir oft zusammen spielten. Günter war einer von ihnen. Er war ein Jäger und er versprach nach seiner Entlassung mit einem geschossenen Reh wieder zu kommen und uns ein Abendessen zu bereiten. Wir spielten oft bis in die Nacht hinein Karten oder andere Spiele, auch mit den Nachtschwestern.

Marco versuchte verbissen wieder richtig fit zu werden und begann mit Krafttraining. Er besorgte sich jede Menge Eier um seine Muskeln wieder aufzubauen. Morgens hörte er laute Musik zu seinem Training und die Schwestern ließen es durchgehen. Wenn ich stattdessen die Musik lauter drehte, wurde ich gleich ermahnt. Naja, er war halt der Liebling der Schwestern. Wir durften nach den ersten drei Wochen jedes Wochenende nach Hause.

4. Wo war Gott?

Im April 1987, gingen wir das erste Mal seit dem Unfall wieder in die Gemeinde. Alle waren froh uns wiederzusehen. Marco lief damals noch auf Krücken. Es war ein komisches Gefühl in die Gemeinde zu gehen. Muttis Platz war leer. Ich dachte an den Chor, in dem Mutti die tragende Altstimme gesungen hatte. Wer sollte ihren Platz einnehmen? Ich versuchte mich auf den Gottesdienst zu konzentrieren. An einen liebenden Gott konnte ich momentan nicht glauben. Wir wurden besonders begrüßt und alle kamen auf uns zu und fragten, wie es uns gehe. Ich sagte immer nur, es gehe mir gut, dabei ging es mir beschissen. Ich hatte immer noch Schmerzen überall und fühlte mich elend und alleine. Zu Hause ging es mir nicht besser. Ich haderte mit Gott. Warum musste der Unfall passieren? Warum musste Mutti sterben? Warum waren Marco und ich so schwer verletzt? Wir waren doch auf dem Weg zum Gottesdienst gewesen! Wie konnte Gott so etwas zulassen? Das kann kein Gott der Liebe sein der mir mit 17 Jahren die Mutter wegnimmt und mich als körperlich Geschädigte zurücklässt. Nein, ich konnte und wollte das nicht verstehen. Ich konnte auch mit niemanden darüber reden, auch nicht mit Marco. Über so etwas haben wir nicht gesprochen. In der Gemeinde fragte mich auch niemand, wie ich mit dem Tod der Mutter klarkam. Auch in der Familie nicht. Selbst Papa nicht, der so etwas beruflich machte. Er war viel zu sehr mit seiner neuen Liebe beschäftigt. Also behielt ich meine Gedanken und Gefühle für mich.

Die Zeit der Reha in Langensteinbach ging nach drei Monaten zu Ende und zusammen mit Marco wurde ich im Juli 1987 nach Hause entlassen.

Beim Röntgen hatte man festgestellt, dass irgendetwas in meiner rechten Lunge war. Ich sollte noch mal in ein Krankenhaus und zwar nach Heidelberg in die Thoraxklinik. Marco wollte seine Gesellenprüfung als KFZ-Mechaniker nachholen. Ich hatte beschlossen nicht mehr auf das Gymnasium zu gehen. Zum Zeitpunkt des Unfalls war ich in der 11. Klasse. Auf dem Gymnasium war ich eh falsch gewesen. Ich hatte nach der Grundschule die 5./6. Klasse der Hauptschule besucht, in der auch Marco und Detlef waren. Nach der Sechsten hätte ich aufgrund der guten Noten die Realschule besuchen können, aber ich kannte dort niemanden, da Maria und Regine auf dem Gymnasium waren. Papa war im Schulelternbeirat und Regine äußerte damals schon, sie würde kein Abitur machen, da sie Krankenschwester werden wollte. Papa überzeugte mich dann, ich könne doch mit meinen guten Noten durchaus auf das Gymnasium gehen, was ich dann (leider) auch tat. Es kam wie es kommen musste und meine Leistungen gingen rapide bergab. Ich bin nach einem halben Jahr zurück in die sechste Klasse, aber auch das half nichts. Jedes Jahr zum Jahresende redete mein Vater mit den Lehrern und ein Fünfer wurde in einen Vierer gedrückt, damit ich versetzt wurde. Als ich dann zu Hause mein Zeugnis von der 11. Klasse sah, beschloss ich, nicht mehr auf diese Schule zurückzugehen. Dank Papa hatte ich ein Mittlere-Reife- Zeugnis. Was ich machen würde, war mir noch unklar. Erst einmal musste ich in die Thoraxklinik. Ich hoffte, dass ich nicht operiert werden musste. In der Klinik wurde festgestellt, dass sich aufgrund des vielen Eiters eine Schwarte gebildet hatte, die mein Lungenvolumen beeinträchtigte, womit ich nach Aussagen der Ärzte durchaus leben könnte. Ich musste nur darauf achten, keine Lungenentzündung zu bekommen. Beim Atmen würde es mich nicht groß einschränken, wobei ich beim Singen öfter Luft holen müsste. Ich war froh, dass ich nicht operiert werden musste und durfte nach zwei Wochen nach Hause. Endlich daheim. Nie mehr Krankenhaus (dachte ich mir!).

Im August 1987 wurde ich 18. Ich lud mir zwei Freundinnen nach Hause ein und mit zwei Flaschen Sekt feierten wir meinen Geburtstag. Papa war mit Bärbel, seiner Freundin, im Urlaub, Maria war bei ihrem neuen Freund.

Ungefähr drei Tage nach meinem Geburtstag bekam ich Kopfschmerzen. Mir wurde ganz übel. Die Schmerzen waren unerträglich. Bei der kleinsten Bewegung dröhnte mein Kopf. Was war nur los?? Ich verdunkelte mein

Zimmer und legte mich ins Bett. Maria wusste sich nicht zu helfen und auch Schmerztabletten halfen nicht. Was sollte sie nur machen? Papa war ja im Auslandsurlaub. Sie rief Regine hinzu und beide beschlossen, im Mannheimer Klinikum anzurufen. Dort sagte man, ich solle sofort kommen. Die Fahrt dorthin war grausam für mich. Mein Schädel brummte als würde er gleich platzen. Vor Schmerzen begann ich zu weinen und hatte Angst, dass von der Kopfverletzung irgendetwas nicht in Ordnung war. Ich wurde in ein Zimmer gebracht und Maria und Regine fuhren wieder nach Hause, sie konnten eh nichts für mich tun. Die Ärzte untersuchten mich. Es wurde eine Computertomographie gemacht, doch diese war in Ordnung. Auch andere Untersuchungen waren ergebnislos. Keiner wusste, was mit mir los war. Am dritten Tag kam ein Arzt herein und nahm meine Krankenakte. Er schüttelte den Kopf. Was war nur los mit mir? Dann runzelte er die Stirn, „Sie hatten letzte Woche Geburtstag?“ Ich versuchte zu nicken. „Haben Sie gefeiert?“ „Ja“, sagte ich „mit zwei Freundinnen“. Der Arzt nickte „und Alkohol?“ „Natürlich, ich wurde 18“. „Dann ist mir alles klar. Hat Ihnen niemand gesagt, dass Sie keinen Alkohol trinken dürfen?“ Mir wurde aber gesagt, ich könne durchaus ab und zu ein Glas trinken. Das war anscheinend eine falsche Information. Daraus lernte ich für die Zukunft und ließ seit dem die Finger vom Alkohol.

5. Ein halbleeres Doppelgrab

Da ich immer noch unschlüssig über die Frage war, was ich lernen sollte, schlug Papa mir vor, das zum Beruf zu machen, was ich gut kann. Ja, einen Haushalt führen konnte ich perfekt. Ich war die einzige in der Familie, die richtig kochen konnte, da ich jahrelang bei einer Familie Babysitting gemacht habe und die Frau mir Kochen, Bügeln und Ordnung im Haushalt beibrachte. Mutti hatte leider nie jemanden von uns kochen lassen. Die Küche war ihr Revier und dort hatte niemand etwas zu suchen, also mussten die anderen sich alles selber beibringen. Ich jedoch konnte schon einige Sachen richtig gut. So stimmte ich dem Vorschlag meines Vaters zu und fing im September 1987 eine Ausbildung als Hauswirtschafterin an. Diese fand in Ludwigshafen statt und bestand fast nur aus Schule. Sie dauerte zwei Jahre und wurde von drei vierwöchigen Praktika unterbrochen. Das erste Praktikum fand in einer Großküche statt, das zweite in einem Krankenhaus und das dritte im Privathaushalt einer Hauswirtschaftsmeisterin. Die Praktika fand ich klasse. Mit der Schule hatte ich ziemlich große Schwierigkeiten, da ich erstens aufgrund meiner Kopfverletzung Probleme hatte mich zu konzentrieren und zweitens viele Fehlzeiten, da ich oft krank war oder zu Gutachten und Untersuchungen musste. Desweiteren hatte ich auch zu Hause noch den Haushalt zu führen. Von der Schule nach Hause, einkaufen, Wäsche waschen, bügeln ... Manchmal kam ich mir vor wie Aschenputtel. Ich sagte Papa, dass ich kaum noch Zeit hätte und ob wir die Aufgaben nicht anders verteilen könnten. Aber mein Bruder Marco machte zu dem Zeitpunkt seine Gesellenprüfung und das ging natürlich vor. Also beugte ich mich, ich hatte ja scheinbar nichts Vergleichbares zu lernen!!

Im September heiratete meine älteste Schwester Maria ihren Freund Harald und zog aus. Detlef hatte mittlerweile seinen Zivildienst im Frankenthaler Krankenhaus angefangen und wohnte dort im ´Schwesternwohnheim`. Also wohnten nur noch Marco und ich zu Hause. Papa pendelte weiterhin alle 14

Tage nach Herne zu seiner Freundin Bärbel und Bärbel alle 14 Tage zu uns. So war wenigstens alle zwei Wochen eine Frau im Haus und ich verstand mich wirklich super mit ihr.

Ich ging weiterhin mit Marco und Papa, welcher uns allerdings eher seltener begleitete, zur Gemeinde. Marco und ich fingen wieder an im Chor zu singen, besuchten den Jugendkreis und gingen sonntags in den Gottesdienst. Innerlich jedoch kämpfte ich gegen meinen Groll mit Gott und verstand immer noch nicht, warum das alles passieren musste. Im Herbst 1987 veranstalteten die Wormser Gemeinden eine Evangelisation im Wormser Festhaus. Ich hatte kein sonderliches Bedürfnis dorthin zu gehen und suchte immer andere Ausreden. Am letzten Abend sagte Marco zu mir, er wolle hingehen, ob ich nicht Lust hätte mitzukommen. Lust hatte ich keine, aber da wir hinterher noch mit den anderen etwas unternehmen wollten ging ich mit, auch um nicht alleine zu Hause rumsitzen zu müssen. Außerdem fuhr Marco ja mit dem Auto, das war auch für mich etwas Besonderes. Als wir im Festhaus ankamen hörten wir den Allianzchor, der aus Sänger-und Sängerinnen von verschiedenen evangelischen Kirchen und Gemeinden bestand, schon singen. Ich setzte mich ganz hinten hin, damit ich bei Bedarf unauffällig nach draußen gehen konnte. Das Programm begann und der Chor sang einige Lieder, die ich selber auch gut kannte. Das Singen machte mir weiterhin viel Freude, ich ging ja auch in unserer Gemeinde regelmäßig in den Chor. Dann begann die Predigt. Ich überlegte, ob ich rausgehen sollte, jedoch fesselte mich der Prediger von der ersten Minute an. Schließlich lud er die Zuhörer ein, sich zu Jesus Christus zu bekennen und als sichtbares Zeichen dafür nach vorne an den Bühnenrand zu kommen. Ich weiß nicht mehr genau, was er gesagt hatte, aber am Ende stand ich in der ersten Reihe und weinte. Alle meine Schmerzen, mein ganzes Leid, den Kummer über den Tod der Mutter etc. kamen hoch. Ich weinte und wollte nur noch Frieden in meinem Herzen haben. Während mir die Tränen über die Wangen rollten, nahm jemand meine Hand. Ich drehte mich um und sah Marco neben mir stehen, auch mit

Tränen in den Augen. Gemeinsam stellten wir unser Leben neu unter Gottes Führung und bekannten unsere Sünden vor Gott. Marco hat nie mit mir über seine Gefühle und Gedanken wegen des Unfalls gesprochen und ich hatte auch nie darüber gesprochen. Aber an diesem Abend verstanden wir uns ohne Worte.

Das erste Weihnachtsfest nach dem Unfall rückte näher. Ich hatte natürlich Muttis Grab schon besucht und mich gewundert, dass sie in einem Doppelgrab lag. Ich fragte zu Hause nach, für wen die zweite Belegung vorgesehen war. Papa erzählte mir daraufhin, dass mein Leben so auf der Kippe stand, und die Ärzte nicht wussten, ob ich überleben würde, deshalb das Doppelgrab, in welchem ich hätte liegen sollen, wenn ich nicht überlebt hätte. Ein komisches Gefühl überkam mich.

Wir fuhren wie gewohnt zur Christvesper nach Worms und kamen auch an der Unfallstelle vorbei. Keiner sagte ein Wort. Jeder schien so gut wie möglich das Unaussprechliche zu verdrängen. Mir war das nur recht. Es war trotz allem ein ansprechender und wohltuender Gottesdienst.

Am ersten Weihnachtstag kamen wir als Familie zusammen und wollten gemeinsam Mittagessen. Ich hatte zwei gefüllte Puten vorbereitet. Maria kam mit Harald, ihrem Mann, Regine kam mit Olaf, ihrem Freund. Detlef, Marco, Papa, Bärbel und ich ergänzten die Familie. Wir waren also alle beisammen und genossen das gute Essen. Meine Haare waren mittlerweile zu einer Kurzhaarfrisur gewachsen und ich hatte auch wieder ein normales Gewicht erlangt. Der Tag verlief recht gut, bis irgendjemand anfing, das vergangene Weihnachten zu erwähnen. Das erste Mal hörte ich die ganze Geschichte, wie sich alles zugetragen hatte. Marco und ich hörten nur zu, und mich zumindest bewegte es sehr, was ich da hörte. Auch hörte ich das erste Mal von der Beerdigung und wünschte mir, ich wäre dabei gewesen. Abends im Bett weinte ich, denn das hatte mich alles sehr aufgewühlt.

1988 verkündeten Papa und Bärbel, dass sie heiraten wollten. Am 3.Juni fand die Hochzeit statt, die recht groß ausfiel. Papa scheute keine Kosten. Außerdem teilten sie uns mit, dass sie umziehen wollten. Die Wohnung war wirklich zu groß für uns alle geworden. Sie fragten Marco und mich, ob wir mitziehen würden. Ich überlegte kurz und entschied mich dagegen. Marco wollte auch nicht und so begannen wir, uns eigene Wohnungen zu suchen. Marco fand schließlich eine Bleibe. Bei mir war es nicht so einfach. Ich wollte unbedingt eine Zwei-Zimmer-Wohnung. Also zog ich für ein halbes Jahr zu Bekannten, die mich jedoch nur befristet aufnahmen. Nach einem halben Jahr hatte ich immer noch keine Wohnung und musste noch einmal umziehen, diesmal zu Papa und Bärbel, die nun in Ludwigshafen wohnten. Sie hatten dort in einem Vorort ein kleines Häuschen mit Garten gemietet. Ich wollte das eigentlich nicht, aber ich hatte keine andere Wahl. Ich bekam ein Zimmer und richtete mich provisorisch ein. Die Wohnungssuche setze ich verbissen fort, denn ich wollte nicht lange bei den beiden bleiben. So gut es ging half ich im Haushalt, aber meine Ausbildung war ja auch noch zu schaffen. Ich fuhr mit dem Fahrrad zur Schule, der Vorteil gegenüber früher lag darin, dass der Schulweg jetzt kürzer war.

6. Das Leben geht merkwürdig weiter

Im Juli 1989, kurz vor meiner Abschlussprüfung zur Hauswirtschafterin stellten die Ärzte fest, dass meine Blutwerte nicht stimmten. Im Rahmen der vielen Gutachten die ich über mich ergehen lassen musste, stellten die Ärzte fest, dass meine Leberwerte zu hoch waren. Ich wurde für weitere Untersuchungen nach Heidelberg in die medizinische Poliklinik geschickt, habe aber vorher noch erfolgreich meine Abschlussprüfung bestanden. Ich wollte dann auch irgendwo als Hauswirtschafterin arbeiten. In der Klinik teilte man mir mit, dass ich durch die verschiedenen Bluttransfusionen nach dem Unfall eine seltene Leberkrankheit bekommen hatte. NON a NON B Hepatitis, die später den Namen Hepatitis C bekam. Da diese Krankheit ansteckend ist, durfte ich den Beruf der Hauswirtschafterin nicht ausüben. Aber was dann? Es war bereits Anfang Juli und ich lag immer noch im Krankenhaus. Wie sollte ich da bis zum 1.August auf die Schnelle einen neuen Ausbildungsplatz finden? Mein Vater nutzte seine Beziehungen und besorgte mir ruckzuck einen Ausbildungsplatz zum 1.August bei der Stadt Ludwigshafen zur Verwaltungsfachangestellten. So begann ich zum 01.08.1989 meine zweite Ausbildung.

Um die Hepatitis zu behandeln, kam ich im Frühjahr 1990 wiederum nach Heidelberg, um eine Therapie zu beginnen. Sie bestand aus Spritzen mit dem Mittel Interferon, welches ich mir später dreimal die Woche selber spritzen sollte. Eigentlich hatte ich ja Angst vor Spritzen, jedoch legte sich das bald. Man gewöhnt sich an alles. Die erste Spritze war am Schlimmsten. Ich bekam sie abends vor dem Schlafengehen. Nachts wachte ich auf, weil ich dringend auf die Toilette musste. Es war ein altes Krankenhaus und die sanitären Anlagen befanden sich auf dem Flur. Ich stand auf und ging Richtung WC. Auf dem Gang wurde mir schwindlig. Ebenfalls überkam mich eine Übelkeit und was das bedeutete, kannte ich nur zu gut. Immer, wenn ich früher meine Menstruation bekommen habe, wurde mir schlecht und schwindlig von den Krämpfen und ein paar Mal hatte ich auch einen Kreislaufkollaps. Einmal wurde ich von der Schule im Rettungswagen nach Hause gefahren. Es kam wie es kommen musste. Meine nächste Erinnerung galt der Nachtschwester, die sich über mich beugte. Sie brachte mich zurück ins Bett und versorgte mich. Das war mir eine Lehre, immer lieber zuerst die Schwester zu rufen. Ich musste zur Beobachtung noch einige Tage dortbleiben.

Eines Tages ging ich den Flur entlang zu meinem Zimmer. Ein Doktor lief hinter mir. „Frau Nitsch", sagte er, „Sie laufen schief, wissen Sie das"? Ich verneinte, denn mir war so etwas noch nie aufgefallen. Er maß meine Beinlänge und stellte fest, dass ich durch den Beckenbruch eine Beinverkürzung von ca. 5 cm auf der rechten Seite hatte. Wenn ich nichts unternehmen würde, könnte es passieren, dass ich meine Wirbelsäule schädige und irgendwann im Rollstuhl sitze. Es wäre sinnvoll, an jedem rechten Schuh eine Schuherhöhung von 1,5 cm zu machen. „Na toll", dachte ich mir, „noch eine Hiobsbotschaft. Hört das denn nie auf? Was wird wohl als nächstes kommen? Ich hatte langsam genug von diesen Unfallfolgen." Die Interferontherapie sollte ein Jahr lang dauern.

An einem milden Sommerabend 1990 ging ich mit Marco in Frankenthal ins Kino, er wohnte in der Stadt. Daher verabschiedeten wir uns nach dem Kinobesuch und ich fuhr per Fahrrad in Richtung Ludwigshafen. Der Himmel war ganz schwarz und Blitze leuchteten grell und angsteinflößend überall auf. „Hoffentlich schaffe ich es noch nach Hause", dachte ich voller Furcht. Doch auf einmal begann es wie aus Eimern zu schütten. Ruckzuck war ich nass bis auf die Knochen. Ich stellte mein Fahrrad ab und ging in die nächste Kneipe um mich unterzustellen. Es war schon nach 23 Uhr und es sah nicht aus als würde es bald aufhören zu regnen. Papa machte sich bestimmt schon Sorgen. Ich ließ mir ein Telefon geben, rief bei Papa an, erklärte ihm die Situation und bat ihn, mich abzuholen. Mürrisch sagte er ja und legte auf. Als er 20 Minuten später an der Kneipe eintraf, hörte es auf zu regnen. Ich entschuldigte mich, aber ich dachte wirklich, es würde die ganze Nacht so weiterregnen. Papa sagte kein Wort, lud mein Fahrrad ein und wir fuhren nach Hause. Bärbel wartete auf uns im Schlafanzug. Anscheinend waren sie schon im Bett gewesen als ich anrief. Ich bedankte mich nochmal bei meinem Vater, aber er ging ohne ein Wort nach oben ins Schlafzimmer. Ich zog trockene Sachen an und ging dann auch schlafen. Eigentlich dachte ich, alles sei in Ordnung als ich am nächsten Morgen zum Frühstückstisch kam. Bärbel hatte den Tisch schon gedeckt und Kaffee gekocht. Ich unterhielt mich mit Bärbel als Papa reinkam und sie begrüßte. Mich sah er nicht einmal an. Ich begrüßte ihn wie jeden Morgen und bedankte mich nochmals für die Abholaktion am vorherigen Abend. Papa sagte jedoch kein Wort. Das ging dann eine ganze Woche so. Kein einziges Wort richtete er an mich und würdigte mich keines Blickes. Ich wusste nicht einmal, was ich falsch gemacht hatte. Ich hatte doch nur um Hilfe gebeten, weil das Wetter so schlecht war. Bärbel tat ihr Bestes, damit es nicht ganz so schlimm wurde. Aber für mich war es die Hölle, als wäre ich Luft. Ich hielt mich mehr in meinem Zimmer auf als sonst, da ich keine Lust hatte, Papa zu begegnen. Ich sprach mit Marco darüber. Er schüttelte auch nur den Kopf, teilte mir aber mit, dass fünf Häuserblocks von ihm entfernt eine Zwei-Zimmer-Wohnung frei sei und gab mir eine Telefonnummer die ich sofort anrief. Die Wohnung war noch zu haben und sie entsprach genau meinen Vorstellungen. Eine kleine Zwei-Zimmer-Wohnung, nicht gerade in der besten Gegend, welche als die schlimmste Ecke in Frankenthal verrufen war, aber das war mir egal. Ich wollte nur weg von Papa.

Ich bekam die Wohnung und fing an mich einzurichten. Papa, der irgendwann doch wieder mit mir redete, teilte mir mit, dass von der Versicherung ein Vorschuss von 3.000 DM gekommen sei, welche ich natürlich dankbar annahm, um mich einigermaßen einzurichten. Bärbel hatte noch einen alten Wohnzimmerschrank, den sie mir gab. Die Küche stückelte ich irgendwie zusammen. Endlich hatte ich mein eigenes zuhause und war unabhängig. Da wir über die FeG Worms versichert waren, wurde unser Unfall als Arbeitsunfall gezählt, worüber ich bis heute sehr dankbar bin. Marco wohnte nur fünf Häuserblocks von mir weg. Er hatte keinen Fernseher und verbrachte wohl auch deshalb so manchen Abend bei mir. Wir unternahmen sehr viel gemeinsam, gingen zusammen ins Kino, fuhren freitags und samstags mit dem Fahrrad nach Worms zur Chorübungsstunde und in den Jugendkreis. Wir waren als Geschwister unzertrennlich und das Band zwischen uns wurde immer enger. Wir machten alles zu zweit, was mir gut tat. Das änderte sich, als Marco ein Mädchen kennenlernte. Sie arbeitete in der Metzgerei eines Supermarktes, in dem wir immer einkauften. Marco arbeitete zu dieser Zeit im Schichtbetrieb. Das Mädchen, Bianca, und er begannen eine Beziehung. Sie ging auch mit in den Jugendkreis unserer Gemeinde. Da Marco Schicht arbeitete, fragte er mich, ob ich mich ein bisschen um Bianca kümmern könnte. Ich machte das gerne und es entstand nach kurzer Zeit eine Freundschaft zwischen uns, in die wir auch noch die Pastorentochter Claudia mit einbezogen. Wir drei waren ein Team und unternahmen sehr viel gemeinsam, was Marco irgendwann anfing zu missfallen. Er teilte mir mit, dass ihm die Beziehung zu mir zu eng sei und er sich mehr um seine Freundin kümmern möchte. Ich würde sicherlich Verständnis dafür haben und alleine zurechtkommen. Den Kontakt zu Bianca könne er mir nicht verbieten, aber ich solle ihn doch bitte reduzieren und wenn er mit Bianca etwas unternehmen wolle, nicht mitkommen. Ich war wie vor den Kopf gestoßen. Was war das denn? War er etwa eifersüchtig auf mich? Aber ich hatte doch nur noch ihn! Mir blieb nichts anderes übrig, als es zu akzeptieren. Die Situation wurde noch schlimmer, als unser Pastor eine andere Stelle annahm und wegzog. Damit verlor ich auch meine Freundin Claudia. Sollte ich wieder alleine sein?

1990 kam dann ein junges Pastoren-Ehepaar zu uns in die Gemeinde. Wolfgang und Ulrike. Sie waren sehr lieb und ich verstand mich ausgezeichnet mit ihnen. An einem Sonntagmorgen spielte ein junger Mann bei uns im Gottesdienst Klavier, er hieß Michael und spielte wunderbar. Ich erfuhr, dass er auch in Frankenthal wohnte. Auch er verstand sich gut mit unserem Pastoren-Ehepaar. Da ich immer noch keinen Führerschein besaß, Marco im Schichtbetrieb arbeitete und sowieso nicht mehr so viel mit mir unternehmen wollte, suchte ich mir Michael aus, um ihn als engere Kontaktperson zu haben. Es klappte auch ganz gut. Einen festen Freund hatte ich nicht. Ich fühlte mich immer noch hässlich und wer nimmt schon ein krankes Mädchen zur Freundin oder zur Frau? Ich sehnte mich schon nach einer festen Beziehung, aber es war keine in Aussicht. Michael fand ich ganz süß und da wir oft zusammen nach Worms fuhren, entstand eine enge Freundschaft. Aber Michael wollte mich nicht als feste Freundin haben, obwohl ich ihn darauf ansprach. Also beließ ich es bei einer kameradschaftlichen Freundschaft. Im März 1991 machte ich endlich meinen Führerschein und konnte so auch Michael einmal mitnehmen. Mein Vater war von der Freundschaft zu Michael begeistert. Ein Musiker in unserer Familie würde doch perfekt passen. Er versuchte viel, um Michael und mich zusammenzubringen. Einmal bekamen wir von ihm Karten für das Theater geschenkt, aber es funktionierte nicht, wir blieben einfach Freunde.

Im Sommer 1991 gestaltete unser Jugendkreis zusammen mit der Jugend der FeG Gießen eine Missionsfreizeit in Karlsstadt. Wir zelteten an einem Schwimmbad und organisierten den Ablauf der dort stattfindenden Evangelisation, eine Veranstaltungsreihe, die dazu diente, Menschen Jesus Christus näherzubringen. Mir ging es zu diesem Zeitpunkt ganz gut. Ich hatte die Interferontherapie hinter mir, meine Leberwerte waren soweit stabil, jedoch immer noch erhöht und ich versuchte ein ganz normales Leben zu führen. Mit der Schuherhöhung kam ich auch gut zurecht und meine Rückenschmerzen wurden besser. Nur die Becken- und Kopfschmerzen bereiteten mir Kummer. Im April 1991 hatte ich ein Chorleiterseminar mit dem Musiker Martin Falk besucht und konnte somit unseren zusammengestellten Freizeitchor leiten, was mir sehr viel Spaß machte. Es war eine bewegende Freizeit, die ich gerne in Erinnerung behielt. Ich bin mit meinem eigenen Auto zu dieser Freizeit gefahren. Marco war auch mit dabei. Er und Bianca waren mittlerweile nicht mehr zusammen und er hatte ein anderes Mädchen in Augenschein genommen. Sie hieß Ursel und war auch Teilnehmerin der Freizeit.

Unser Verhältnis hatte sich wieder etwas gebessert, doch es war nicht mehr wie früher. Da die Evangelisation in einem Zelt stattfand, wurden auch Nachtwachen gehalten. Wir wechselten uns damit ab. Einer musste am nächsten Morgen die Nachtwache mit dem Auto abholen und zu unseren Schlafplätzen bringen. Eines Morgens war ich an der Reihe. Ich stellte meinen Wecker rechtzeitig, wachte auch pünktlich auf, setzte mich ins Auto und fuhr los. Es gab eine Abkürzung zum nahe gelegenen Zeltplatz, die durch ein kurzes Waldstück führte. Als ich losfuhr bemerkte ich, dass sich eine kleine Motte im Auto befand. Ich fuhr mit maximal 15 km/h in den Waldweg, öffnete das Fenster und wollte die Motte hinaus scheuchen. Ich war so mit dieser Motte beschäftigt, dass ich den Baum vor mir gar nicht sah und krachte dagegen. Voller Schreck sah ich auf den Baum, stürmte aus dem Auto und rannte zurück zu unseren Schlafplätzen. Ich weckte einen Freund und erzählte, natürlich unter Tränen, was passiert war und bat ihn, die Nachtwache abzuholen. Mein Auto sprang eh nicht mehr an. Doch was nun? Wie kaputt war mein Auto? Ich kannte mich damit ja nicht aus. Marco war zwar Automechaniker, jedoch arbeitete er nicht mehr in diesem Beruf und hatte keine Ahnung. Also musste das Auto in die Werkstatt. Sie machten einen Kostenvoranschlag und sagten mir, dass die notdürftige Reparatur 2.000 DM kosten würde. Das Geld hatte ich natürlich nicht, aber mein Auto brauchte ich, denn ich musste ja auch wieder nach Hause kommen. Also rief ich Papa an und bat ihn, der Werkstatt das Geld per Blitzüberweisung zu senden, ich würde es ihm zu Hause zurückgeben. Die Antwort meines Vaters schockierte mich, denn er lehnte die Blitzüberweisung ab. Ich flehte ihn an, aber er sagte, er hätte das Geld nicht. In der Werkstatt hatte ich gesagt, dass mein Vater per Blitzüberweisung zahlen würde und sie waren einverstanden. Nun stand ich etwas dumm und mittellos da. Von den Freizeitteilnehmern hatte natürlich auch niemand soviel Geld dabei. Es war mir sehr peinlich, dies der Werkstatt zu sagen. Ich fragte, ob es möglich wäre, dass ich das Auto mitnehme und die Überweisung erst zu Hause tätige, d.h. die Werkstatt musste mir vertrauen. Widerwillig stimmten sie zu und ich bekam mein Auto am letzten Tag unserer Freizeit zurück. Dass Papa mir das Geld nicht gegeben hatte, hatte allgemein Unverständnis ausgelöst, und ich selber konnte es auch nicht verstehen, wie man seine eigene Tochter so hängen lassen kann. Das war eine bittere Erinnerung an eine an sich schöne Freizeit.

7. Jürgen und die Sternschnuppe

Mein Alltag wurde langsam zur Routine. Jeden Morgen nach Ludwigshafen um zu arbeiten, am Wochenende in die Gemeinde. Maria hatte ihren Harald, Regine ihren Olaf, Marco war mittlerweile fest mit Ursel zusammen und Detlef ist nach seinem Zivildienst im Frankenthaler Krankenhaus geblieben und arbeitete dort beim Hol–und Bringdienst. Bärbel bekam Nachwuchs, einen Jungen, sodass ich jetzt noch einen Halbbruder hatte. Meine Gefühlswelt war völlig durcheinander. Ich, ja ich war alleine. Kein Freund in Sicht. Keiner der mich wollte. Männer kannte ich in der Gemeinde genug; aber das waren nur Freundschaften. Abends saß ich oft alleine in meiner Wohnung.

Gesundheitlich hatte ich gelernt die Unfallfolgen zu akzeptieren. Ich war immer noch eingeschränkt, durfte keinen Sport machen. Die Kopfschmerzen traten manchmal in heftigen Migräne-Attacken auf, die mich ans Bett fesselten. Mein Becken tat auch immer noch weh. Die Unfallangelegenheit wurde von einem Rechtsanwalt geregelt. Mutti bekam Teilschuld, weil sie die Vorfahrt missachtet hatte. Dem am Unfall beteiligten Fahrer wurde aufgrund der hohen Geschwindigkeit die größere Schuld zugesprochen. Ab und zu musste ich noch zu weiteren Gutachten und Untersuchungen, aber mein Leben verlief fast wieder normal.

Die Fahrten nach Worms in den Chor oder Jugendkreis erledigte ich meist mit dem Fahrrad, es sei denn, Marco hatte die passende Schicht oder Michael konnte mich mitnehmen. So fuhr ich Anfang August 1991 wieder einmal mit dem Rad in den Jugendkreis. Ich kam etwas außer Atem an der Gemeinde an, da der letzte Anstieg nicht weit entfernt lag. Ich schloss gerade mein Fahrrad ab, als völlig unerwartet ein junger Mann neben mir stand. Ich hatte ihn nie zuvor gesehen.

„Wo kommst du denn her?“ fragte er mich. „Aus Frankenthal“, antwortete ich völlig erschöpft und trank zunächst einmal einen Schluck Wasser. „Alleine?“

Ich nickte nur. „Und wie kommst du heute Abend wieder nach Hause?“ „Na mit dem Fahrrad“. Er schüttelte den Kopf. „Du kannst doch nicht mitten in der Nacht mit dem Fahrrad im Dunkeln alleine nach Frankenthal fahren. Das ist doch viel zu gefährlich!“ Ich sah ihn verdutzt an. Für mich war es normal mit dem Fahrrad zu fahren wenn es keine andere Möglichkeit gab. Gut, manchmal hatte ich schon ein komisches Gefühl, aber ich habe dann laut gesungen und bin schließlich immer heil nach Hause gekommen. Wir gingen gemeinsam hoch in unseren Jugendraum. Der junge Mann hieß Jürgen und ging schon seit längerem zu uns in den Jugendkreis. Mir war er bisher überhaupt nicht aufgefallen. Jürgen bestand nach dem Jugendkreis darauf, mich nach Hause zu fahren, aber da Michael mit seinem Kombi auch da war, lud er mein Fahrrad in den Kofferraum und fuhr mich. Ich fand es sehr nett, dass Jürgen mich nach Hause fahren wollte. So hatte noch nie jemand auf die Tatsache reagiert, dass ich als Frau alleine im Dunkeln mit dem Fahrrad fuhr.

Ein paar Tage später hatte ich die Situation schon wieder vergessen. Die Reparatur meines Autos zog sich noch ein wenig hinaus, da Ersatzteile fehlten. Der nächste Samstag kam und Marco hatte wieder Spätschicht. Also richtete ich mich darauf ein mit dem Rad zu fahren. Ich machte mich gerade fertig, da klingelte es an meiner Wohnungstür. Wer kam denn jetzt noch vorbei? Draußen stand Jürgen mit seinem Auto um mich abzuholen. Ich sah ihn ganz erstaunt an. „Damit du nicht wieder auf die Idee kommst mit dem Fahrrad zu fahren“, sagte er zu mir. Dankbar nahm ich das Angebot an, denn eigentlich hatte ich gar keine Lust mit dem Rad zu fahren. Ich erzählte ihm auf dem Weg nach Worms, dass mein Auto kaputt sei und ich deshalb mit dem Rad fuhr. Jürgen sagte mir, bis mein Auto wieder in Ordnung sei, würde er mich fahren. Er sei zurzeit arbeitslos und hätte Zeit. So oft es ging fuhr er mich, wohin ich auch wollte. Wir verbrachten viel Zeit miteinander und ich sehnte mich insgeheim nach einer Beziehung mit Jürgen. Eigentlich wollte er mich an seinem Geburtstag besuchen, ich hatte schon ein Geschenk gekauft.

Doch es kam anders. Jürgen war mit seinen zwei Brüdern unterwegs und hatte sich betrunken. Enttäuscht legte ich sein Geschenk zur Seite. Ich kannte das nicht, dass ein Mann sich so sehr betrank, dass er nicht mehr kommen könnte. Das sollte keine Ausnahmesituation bleiben. Im Jugendkreis nahm man es gelassen zur Kenntnis, dass Jürgen und ich Zeit miteinander verbrachten. Wir machten auch lange Spaziergänge abends im Dunkeln. Eines Abends sahen wir eine Sternschnuppe und ich wünschte mir nichts sehnlicher, dass Jürgen mein fester Freund werden würde. Der Wunsch sollte sich recht bald erfüllen. Als er mich eines Abends nach Hause fuhr, sah ich ihn an. Er beugte sich zu mir und küsste mich. Damit waren wir dann offiziell ein Paar. Ich schwebte auf Wolke sieben. Meine Familie war von Jürgen jedoch nicht so begeistert. Meinen Vater störte es, dass Jürgen keine Arbeit hatte und manchmal viel trank, obwohl er selbst schon zweimal den Führerschein wegen Alkohol am Steuer entzogen bekommen hatte. Er hatte sich gewünscht, dass aus Michael und mir vielleicht doch noch etwas wird, denn er hätte so gut in unsere Familie gepasst!! Wir machten auch den offiziellen „Besuch" bei Papa und Bärbel. Bärbel fand Jürgen sehr nett aber mein Vater hoffte, dass diese Freundschaft nicht lange dauern würde. Jürgen hat eine sehr direkte und offene Art und teilte diese auch mit. Aber er war mein Freund, deshalb gab sich Papa erst mal ruhig. Meine Geschwister kamen auch nicht mit Jürgen und seiner Art zurecht. Da wir uns als Familie nur an Geburtstagen und Festtagen sahen, war es mir egal. Ich freute mich, endlich einen Freund zu haben. Natürlich erzählte ich Jürgen von meinem Unfall, zwar mit einem komischen Gefühl, da ich nicht wusste, ob er mich daraufhin verlassen würde. Wer will schon eine kranke Freundin haben. Aber er blieb, was mir sehr imponierte.

Mein Auto war mittlerweile auch wieder da und ich war wieder mobiler.

An einem Freitag im September 1991 fuhr ich mit meinem Auto in die Stadt um einige Einkäufe zu machen. Ich parkte im Parkhaus. Nach meinen

Einkäufen ging ich zum Fahrstuhl um zu meinem Auto zu gelangen. Auf dem Rückweg wurde mir im Fahrstuhl plötzlich ganz schwindlig. Das Nächste, was ich wieder mitbekam war, dass ich auf dem Boden lag. Ich bin früher schon öfter umgekippt, aber dieses Mal war es anders. Ich schmeckte etwas Blut in meinem Mund und bemerkte, dass ich mir auf die Zunge gebissen hatte. Langsam erhob ich mich. Auf zittrigen Beinen ging ich zu meinem Auto, stieg ein und fuhr ganz langsam nach Hause. Ich betete, dass ich heil ankommen würde, denn mir war gar nicht wohl dabei, mit solch wackeligen Beinen Auto zu fahren. Zu Hause legte ich mich sofort auf die Couch. Meine Zunge tat ganz schön weh. Was war denn nur los mit mir? Ich rief Jürgen an und erzählte ihm von dem Vorfall. Er fragte mich, wo ich wäre und ich sagte ihm, dass ich zu Hause sei, da ich mit zittrigen Beinen noch gefahren bin. Jürgen riet mir, auf der Couch zu bleiben, er würde sofort kommen. Das machte ich gerne.

Kurze Zeit später klingelte es an meiner Tür. Langsam stand ich auf und ließ Jürgen rein. Er fragte sofort, wie es mir gehe und nahm das Telefonbuch. Mir war immer noch ganz komisch. Jürgen nahm das Telefon und wählte eine Nummer. „Mist, der hat schon zu“, sagte er. Ich sah ihn fragend an. „Wen hast du denn versucht anzurufen?“ fragte ich. „Einen Neurologen. Ich glaube, du hattest einen epileptischen Anfall“. „Was? Wieso das denn?“ rief ich erschrocken. Jürgen kannte diese Situation, da sein Vater auch durch einen Unfall zu epileptischen Anfällen neigte, und ein typisches Kennzeichen hierfür ist, dass man sich auf die Zunge beißt. Wir mussten also abwarten, wie es mir das Wochenende über gehen würde. Am Montag meldete ich mich krank und Jürgen fuhr mich zum Neurologen. Dieser machte ein EEG (Elektroenzephalografie) und es wurde tatsächlich festgestellt, dass ich einen epileptischen Anfall gehabt hatte. Ich wurde für einige Tage krankgeschrieben, da ich seit dem Anfall noch mehr Kopfschmerzen als vorher hatte.

Wir fuhren wieder in meine Wohnung, wo ich erst einmal weinte. Jürgen nahm mich in den Arm und versuchte mich zu trösten. Schon wieder etwas Neues, hörte das denn niemals auf? Jürgen sagte zu mir, ich solle zu Hause bleiben, er müsste kurz nach Worms, würde aber gleich wiederkommen. Ich nickte nur. Als er wegfuhr griff ich zum Telefon und rief meinen Vater an um ihm mitzuteilen, was sich ereignet hat. Er hat es zur Kenntnis genommen, ebenso meine Geschwister, aber vorbei kam niemand um mir zu helfen oder Hilfe anzubieten. Alle taten betroffen, aber Hilfe kam nicht.

Eine Stunde später klingelte es an meiner Tür. Jürgen war wieder da, und was er mitbrachte ließ mich erstaunen. Er hatte eine gepackte Tasche dabei. Verständnislos sah ich ihn an. „Was soll das denn werden", fragte ich ihn. „Ich ziehe hier ein", antwortete er und trug seine Sachen in die Wohnung. „Spinnst du?" fragte ich. „Du kannst hier nicht einziehen. Ich gehe in die Freie evangelische Gemeinde, wenn das rauskommt, bekomme ich ganz schönen Ärger". Doch Jürgen reagierte gar nicht darauf und fing an seine Sachen auszupacken. „Ich kann dich jetzt nicht alleine lassen. Wenn das mit dem Anfall nochmal passiert, sollte jemand hier sein. Außerdem darfst du jetzt eh kein Auto fahren. Ich habe Zeit und helfe dir gerne", sagte Jürgen. Ich überlegte kurz und war froh, dass ich eine Zwei-Zimmer-Wohnung besaß. „Okay, aber du schläfst schön auf der Couch", sagte ich bestimmt. Somit war das beschlossene Sache. Jürgen fuhr mich, als ich wieder arbeiten durfte zur Arbeit und holte mich auch wieder ab. Zu allen anderen Terminen fuhr er mich auch, besonders zu meinen häufigen Besuchen bei Ärzten. In der Gemeinde bekam keiner mit, dass Jürgen bei mir eingezogen war, da ich in Frankenthal wohnte. Marco wusste davon und Michael auch, aber die versprachen, nichts zu sagen.

Zwei Wochen später gaben meine Schwester Regine und ihr Freund Olaf eine kleine Feier in ihrer Wohnung. Die ganze Familie und auch einige Freunde waren eingeladen. Es war sehr laut und ich bekam langsam

Kopfschmerzen. Ich ging nach draußen auf die Terrasse und setzte mich auf einen Stuhl um ein bisschen frische Luft zu schnappen.

Irgendwann merkte ich, dass Jürgen nach mir rief. Erschrocken sah ich auf. Jürgen hatte meinen Arm genommen und schüttelte mich. Was war jetzt schon wieder. Mir war wieder schlecht und ich starrte ihn reaktionslos an. Jürgen merkte sofort, dass ich wieder einen leichten Anfall hatte und wir fuhren sofort nach Hause. Am nächsten Tag das Gleiche. Wieder fuhren wir zum Arzt und diesmal bekam ich Tabletten gegen die Anfälle. Ich sollte sie für mindestens zwei Jahre regelmäßig einnehmen.

Jürgen wohnte weiter bei mir und machte alles für mich. Meine Familie dagegen kümmerte sich wenig um mich. Vielleicht dachten sie, sie bräuchten das nicht, da ich ja Jürgen hatte.

8. Konflikte in der Familie verselbstständigen sich

In der Zeit, als ich mit Jürgen zusammen war, waren wir zweimal bei Papa und Bärbel eingeladen. Ich gehe davon aus, dass diese Einladung eher auf die Initiative von Bärbel zustande kam als von Papa, denn er zeigte kein großes Interesse an Jürgen. Er unterhielt sich kaum mit ihm, außer einer Begrüßung und belanglosen Gesprächen war nie ein engerer Kontakt zwischen den beiden entstanden. Jürgen hätte sich das gewünscht. Anfang November 1991 beschlossen wir, nachdem wir uns durch das gemeinsame Wohnen kennen und lieben gelernt hatten, zu heiraten. Ich, als romantischer Mensch, wollte gerne am Valentinstag 1992 (14. Februar) standesamtlich und am 15. Februar 1992 kirchlich heiraten.

Wir teilten dies auch meiner Familie mit. Auf einmal wurden wir von Papa eingeladen, weil er Jürgen näher kennenlernen wollte. Wir fuhren hin und setzten uns. Seine erste Frage lautete. „Warum wollt ihr heiraten“? Wir sahen uns verdutzt an. Was sollte diese erste Frage bedeuten? Jürgen wäre am liebsten aufgestanden und gegangen. Wir blieben und erklärten Papa, dass wir uns lieben und Jürgen durch sein Wohnen bei mir sich auch um mich kümmern würde. Außerdem wollten wir heiraten, bevor Gerede in der Gemeinde aufkommen würde. Papa warf Jürgen vor, die „normalen“ Gepflogenheiten nicht einzuhalten, d.h. wir hätten ihn um Rat fragen und die Familie mit einbinden sollen. Jürgen hätte ein Gespräch mit seinen Eltern und ihm vermitteln sollen. Darauf fragte Jürgen ihn, ob ihn der Freund seiner Tochter erst interessiere, wenn eine Heirat anstehe? Außerdem würden seine Eltern auch in die Gemeinde gehen und er hätte jede Menge Gelegenheiten gehabt sie kennenzulernen. Ich habe Jürgens Eltern übrigens als warmherzige Menschen kennengelernt, die mich sofort liebevoll annahmen. So etwas kannte ich bis dahin gar nicht. Papa meinte daraufhin nur, dass er doch nicht jede Freundschaft seiner Tochter gleich so ernst nehme würde, was etwas unverständlich war, da ich vor Jürgen nicht gerade viele Freunde hatte. Jürgen teilte die Meinung meines Vaters nicht, dass man die Familie seines Ehepartners mit heiraten würde, obwohl dies in gewisser Hinsicht natürlich der Fall ist. Es wurde ein von beiden Seiten hitzig geführtes Gespräch. Bärbel und ich versuchten etwas Ruhe hineinzubringen, was uns aber nicht gelang. Auch das zweite Gespräch verlief ähnlich. Erst beim dritten Gespräch wurde eine Verständigung erreicht. Die Sache schien in Ordnung, jedoch war Papa immer noch nicht begeistert und suchte jede Gelegenheit uns zu überzeugen, den Termin der Hochzeit zu verschieben, immerhin sei Jürgen arbeitslos und ich mitten in der Ausbildung. Irgendwann reichte es uns, wir gingen zum Standesamt Frankenthal und bestellten unser Aufgebot. Den standesamtlichen Termin legten wir auf den 29.11.1991. Nachdem wir das Aufgebot bestellt hatten fuhren wir zu Papa um es ihm mitzuteilen. Den Termin nannten wir jedoch noch nicht, wir sagten lediglich, dass wir die Trauung verschoben hatten. Papa grinste, aber nur kurz, dann sagten wir ihm, dass wir in zwei Wochen heiraten würden. Das war natürlich nicht in seinem Sinn. Wir teilten den Termin auch meinen Geschwistern mit, die auch recht überrascht reagierten.

Kurz vor unserer Hochzeit verließ Bärbel Papa heimlich, während er auf der Arbeit war. Sie hatte alles gepackt, was ihr gehörte und hatte mit ihrem Sohn das Haus verlassen. Wir verstanden die Gründe zunächst nicht. Nun wollte ich jedoch, dass Bärbel an meiner Hochzeit teilnahm, da ich sie sehr lieb gewonnen hatte. Keiner wusste, wo sie war, aber ich dachte mir, dass sie vielleicht zurück ins Ruhrgebiet gefahren sei, evtl. zu einem ihrer Brüder. Ich rief die Auskunft an und fragte nach der Telefonnummer der Brüder und tatsächlich bekam ich Kontakt. Bärbel war bei ihnen und erklärte mir, dass sie nicht mehr zurückkommen würde. Sie könne mit Papa nicht zusammenleben, Details sagte sie mir nicht und sie könne leider auch nicht zur Hochzeit kommen. Wir weinten beide am Telefon, da ich nicht verstand, was da vor sich ging.

Zur Trauung kamen dann aber alle anderen. Trauzeuge waren Jürgens jüngerer Bruder Norbert und Michael. Es war zwar kalt, aber dennoch ein schöner Tag. Jetzt hieß ich Frauke Dietrich und keiner konnte mir das mehr nehmen. Die kirchliche Trauung ließen wir für den 15.02.1992 stehen.

Da Jürgen zu Hause war, fing er irgendwann an, meine Unterlagen zu sortieren. Ich hatte zwar immer alles abgeheftet, jedoch nicht besonders ordentlich. Ich war Jürgen dankbar, dass er sich die Zeit dafür nahm. Ich muss gestehen, dass ich früher nicht gut mit Geld umgehen konnte, vor allem nicht mit den größeren Geldbeträgen, die ich plötzlich durch Ausbildung und Halbwaisenrente erhielt. Ich hatte mir ein Auto gekauft und auch öfter mal neue Kleider. Was ich an Dispokredit hatte, schuldete ich in einen Kredit um. Außerdem besaß ich eine Hausrat- und Haftpflichtversicherung, die in einer Mietwohnung nicht besonders sinnvoll waren. Aber mein Vater meinte damals, ich solle so etwas unbedingt abschließen. Jürgen fand in meinen Unterlagen einen Brief von der Versicherung in dem stand, dass ich schon einige Tausend DM erhalten hatte. Er sprach mich darauf an, wo denn das ganze Geld sei. Ich wusste nichts davon, sondern lediglich von den 3.000 DM, die ich von Papa zur Einrichtung meiner Wohnung bekommen hatte. Mittlerweile hatte ich ein eigenes Konto, aber weitere Extrazahlungen hatte ich nicht erhalten. Ich vereinbarte mit Papa einen Termin um ihn darauf anzusprechen und er teilte mir mit, dass er das Geld „für die Familie“ ausgegeben habe. Immerhin kamen etliche Kosten nach dem Unfall auf ihn zu (Beerdigung, Fahrtkosten zu den Krankenhäusern etc.) Zu Hause erzählte ich Jürgen davon, der kopfschüttelnd meinte, dass das Geld mir gehören würde und Papa nicht das Recht gehabt habe, es einfach auszugeben. Er hätte es verwalten sollen und mir dann geben müssen, als ich mit 18 Jahren ein eigenes Konto hatte. Falsch war es, mir das Geld zu verschweigen.

Wir hatten zu dieser Zeit in der FeG einen jungen Pastor, der sich auch gewundert hatte, dass Bärbel Papa so plötzlich verlassen hatte. Er suchte ein

Gespräch mit Papa, der darüber natürlich nicht erfreut war, dass der Auszug von Bärbel schon die Runde machte, aber er ging hin. Nach diesem Gespräch lud Papa zu einem „Familiengespräch“ ein, wo nur wir Kinder hinzukommen sollten, ohne Ehepartner, da es ja um die „Familie Nitsch“ ging. Harald, Marias Mann war jedoch auch anwesend, was mich sehr wunderte, denn Jürgen war mein Mann und durfte nicht mitkommen. Leider war ich damals noch zu naiv, um dem entgegenzutreten. Im Rahmen dieses Gespräches wollte ich auch das fehlende Geld ansprechen, da ich mitbekommen hatte, das Papa eine größere Summe von der Versicherung für sich erwartete, und hoffte, er könne mir so das Geld zurückbezahlen. Papa erklärte mir, dass er das nicht könne, da er selber verschuldet sei und das Geld dringend brauchen würde. Ich fragte ihn daraufhin, ob er mir einen Teil geben würde und den Rest in Raten zurückzahlen würde, was er mir zusagte. Ich rief Jürgen an, um ihn das mitzuteilen und merkte, dass er total betrunken war und fing an zu weinen, sodass die anderen es mitbekamen. Ich erzählte ihnen, dass Jürgen betrunken war. Da sagte Papa mir zu, das ganze Geld an mich zurückzuzahlen damit ich zu Hause keine „Schwierigkeiten“ bekommen würde.

Am nächsten Tag entschuldigte Jürgen sich bei mir, aber es war zu viel für ihn, mit dieser Familie klarzukommen und einfach ausgeschlossen zu werden. Gegen Abend rief Papa an und wollte mit uns ein Gespräch führen. Jürgen hatte kein Interesse daran und fuhr er zu seinen Eltern nach Worms. Zu dem Gespräch mit Papa kamen auch Maria und Harald. Mit wurde gesagt, ich sollte Jürgen anrufen, um ebenfalls dabei zu sein. Nachdem Jürgen eintraf, ging das Gespräch um den besagten Abend, als Jürgen betrunken war. Papa meinte, wir sollen die kirchliche Hochzeit doch verschieben, was völliger Unsinn war, denn wir waren ja schon verheiratet. Letztendlich kam heraus, dass Papa unserem Pastor von Jürgens neulichem trinken erzählt hatte.

Wir klärten dies in einem Gespräch mit einem Mitglied aus der Gemeindeleitung und hörten, dass Papa nur wegen des Trinkens von Jürgen mit dem Pastor gesprochen hatte. Wir trauten unseren Ohren kaum. Am nächsten Tag sahen wir auf dem Kontoauszug, dass Papa nur einen Teilbetrag überwiesen hatte. Ich stellte ihn daraufhin zur Rede und er sagte mir, er habe mir nur zugesagt, das ganze Geld zu überweisen, weil Jürgen so betrunken war. Wir waren zutiefst enttäuscht, dass Papa uns belogen hatte.

Unsere kirchliche Hochzeit fand dann doch am 15.02.1992 statt. Es war eigentlich ein schöner Tag, jedoch mit dem Beigeschmack, dass wir wussten, Jürgen ist in „der Familie“ nicht willkommen. Wir hatten dennoch einen schönen Tag, da sehr viele aus der Gemeinde und Jürgens Eltern dafür gesorgt hatten.

Wir dachten uns daraufhin, wenn Papa die „Trinkangelegenheit“ vor die Gemeindeleitung brachte, könnten wir auch die Geldsache vor die Gemeindeleitung bringen. Aus heutiger Sicht würde ich so etwas nicht mehr machen, vieles ist damals falsch gelaufen, aber an der Vergangenheit kann man leider nichts mehr ändern.

Es folgten eine Reihe sehr unschöner Briefe von Papa an mich, in denen er sogar eine Aufstellung der Kosten aufzeigte, die er in der Zeit hatte, als ich in den verschiedenen Krankenhäusern lag. Dieser Brief traf mich besonders, da ich immer gedacht hatte, es ginge um mein Leben und meine Gesundheit. und ich konnte den liebenden Vater nicht mehr in meinen Vater sehen.

Zu einer erneuten „Familiensitzung“ fuhr ich diesmal nicht hin und erhielt zwei Tage später einen Brief, welcher von allen Geschwistern, mit Ausnahme von Detlef, der sowieso nicht wirklich mit einbezogen war, unterschrieben war, und indem die Familie beschlossen hatte, mir würde kein Geld zustehen, da ich dies durch meine Abwesenheit bezeugt hatte. Die ganzen Briefe haben wir immer wieder auch der Gemeindeleitung vorgelegt, da uns das als junges

Ehepaar sehr belastete. Die Gemeindeleitung warnte daraufhin Papa mit einem Ausschluss aus der Gemeinde. Jedoch nicht wegen der Geldangelegenheit, sondern weil er uneinsichtig war, indem er jede Schuld seinerseits von sich wies. Natürlich waren ebenfalls offene Fragen im Raum, warum seine Frau Bärbel plötzlich ausgezogen war.

Im Sommer 1992 folgte eine Mitgliederversammlung, die ich so noch nie erlebt hatte. Zu dieser Versammlung kamen auch seltsamerweise Maria und Regine, die gar keine Mitglieder waren und seit dem ersten Briefwechsel kein Wort mehr mit mir geredet hatten. Papa wurde letztendlich von den Mitgliedern aus der Gemeinde ausgeschlossen und verließ auf den Boden spuckend die Gemeinde. Maria und Regine folgten ihm. Alle waren geschockt, dass es soweit gekommen ist und einige, auch ich, weinten. Wie gesagt, heute würde man sicherlich vieles anders machen, aber es ist nun mal so geschehen.

Papa rief mich damals auf der Arbeit an und drohte mir, dass er meinen Namen in der Gemeinde so in den Schmutz ziehen würde, dass ich nicht mehr dorthin gehen könne und dass er die ganze Familie und Verwandtschaft dazu bringen würde, jeden Kontakt mit mir abzubrechen. Das war ja eh schon der Fall, bis auf Detlef, der ja „offiziell" nicht dazugehörte.

Wir dachten jetzt, es würde Ruhe einkehren, aber einige Tage später kam wieder ein Brief ins Haus. Papa beschimpfte mich als missratene Tochter und Jürgen als versoffenen Schwiegersohn. Dieser Brief ging an alle Gemeindemitglieder, auch an Jürgens Eltern. Zum Glück hatte meine Schwiegermutter den Brief gelesen und nicht mein Schwiegervater, er hätte mit Sicherheit einen epileptischen Anfall bekommen. Mein Vater hat sich bis heute (ich schreibe im Jahr 2013) nicht für all das entschuldigt, was vorgefallen ist.

Für Menschen, die nicht in eine FeG gehen, ist es sicherlich schwer dies alles zu verstehen. Aber aus rein menschlicher Sicht hat mein Vater mich betrogen, bestohlen und öffentlich verleumdet, was mir als junge Frau nach allem, was ich bis dahin durchgemacht habe nicht leicht fiel zu verkraften. Ich wurde von meinen Schwestern gemieden und auch zu Marco hatte ich nicht mehr das bisherige Verhältnis. Der einzige, der uns verstand war Detlef. Meiner Schwester Regine hatte ich übrigens zwei Jahre davor in einer Notsituation auch Geld geliehen. Sie zahlte es mir nicht zurück.

9.Der ganz normale Wahnsinn

Ich machte meinen Abschluss als Verwaltungsfachangestellte erst im Herbst 1992, da ich die erste Prüfung nicht bestand. Ich hatte immer noch Schwierigkeiten beim Lernen, und da ich mich nicht für Politik interessierte, fiel ich beim Fach Wirtschaftslehre durch. Deswegen musste ich die Prüfung im Herbst wiederholen. Mir wurde bei der Stadt eine Stelle angeboten, entweder ½ Jahr ganztags oder 1 Jahr halbtags. Ich nahm die zweite Variante, da ich mich dann nachmittags ausruhen konnte. Zu diesem Zeitpunkt kauften wir zusammen mit Jürgens Brüdern ein ehemaliges Bauerngehöft außerhalb Worms. Die Männer begannen das Haus zu renovieren. Es war in keinem guten Zustand, ohne Heizung und sanitären Anlagen. Aber wir waren zuversichtlich, bald dort einziehen zu können. Jürgen fuhr jeden Tag nach der Arbeit, die er mittlerweile gefunden hatte, dort hin um zu renovieren. Wir kündigten unsere Wohnung in Frankenthal und wollten eigentlich vor Weihnachten in das Haus einziehen. Durch die vielen Anträge bei der Renovierung erhielten wir jedoch einen Baustopp. Nun hatten wir aber schon die Wohnung gekündigt. Wo sollten wir hin?

Jürgens Eltern boten uns an, übergangsweise in den Keller zu ziehen, der komplett ausgebaut war und ein Schlafzimmer enthielt. Alles andere mussten wir mit den Eltern teilen. Wir nahmen das Angebot dankend an und lagerten unsere Sachen in der Garage. Wir wohnten ca. vier Monate dort, aber der Bau ging immer noch schleppend weiter. Im Frühjahr 1994, indem ich aufgehört hatte zu arbeiten wurde ich schwanger. Ich hatte mit den Ärzten gesprochen, ob ich aufgrund meiner Verletzungen und allen Folgen überhaupt ein Kind bekommen dürfte und sie hatten zugestimmt. Meine Hepatitis befand sich im Ruhemodus, sodass nichts dagegen sprach. Ich bekam zu diesem Zeitpunkt eine größere Teilsumme von der Versicherung, da sich die Rechtsangelegenheit immer noch hinzog. Also beschlossen wir, uns von diesem Geld eine Ein-Zimmer-Wohnung zu kaufen, die wir vermieten könnten, wenn unser Haus fertig war. Wir zogen im April 1994 dort ein. Jürgen renovierte nach der Arbeit fleißig weiter, während ich alleine zu Hause blieb, da ich nicht helfen konnte.

Ich hatte zu diesem Zeitpunkt keinen Kontakt zu meiner Familie, mit Ausnahme Marco und Detlef, die mit mir in dieselbe Gemeinde gingen. Papa hatte mich, als ich noch arbeitete, öfter an der Straßenbahnhaltestelle „zufällig“ getroffen und mich in ein Gespräch verwickelt. Mir war das unangenehm, eigentlich wollte ich das ja nicht.

Ich war jedoch immer noch in dem „wir sind ja eine tolle Familie“-Denken so gefangen, dass ich nicht davon los kam. Ich sehnte mich nach einem Kontakt zu meinen Schwestern. Aufgrund der bisherigen Ereignisse war Jürgen froh, dass der Kontakt nicht vorhanden war. Ich jedoch war sehr traurig darüber und begann heimlich den Kontakt zu Regine wieder aufzubauen. Sie wohnte in Frankenthal, was für mich praktisch war. So konnte ich, wenn ich zum Frauenarzt musste, sie besuchen. Wir trafen uns häufig. Ich sprach sie irgendwann auch mal auf das von mir an sie geliehene Geld an. Regine meinte, das Geld nicht zurückzahlen zu können, aber so war ein offizieller Kontakt zu mir und Jürgen nicht möglich.

Also beschlossen wir, dass Regine einen Brief an Jürgen schrieb und ihn um Verzeihung bat. Wir beide setzten diesen Brief gemeinsam auf und schickten ihn ab. Als der Brief bei uns ankam, wunderte sich Jürgen, las ihn aber durch und akzeptierte die Entschuldigung. Nun war ein offizieller Kontakt möglich. Zu Maria begann ich irgendwann auch einen heimlichen Kontakt aufzubauen. Jürgen fuhr nach der Arbeit immer zum Haus, deswegen bemerkte er das natürlich nicht.

Jürgen trank zu dieser Zeit wieder mehr, da die Dauerbelastung Arbeit, Bau und eine schwangere Frau ihm zu viel wurde. Dies klagte ich natürlich meinen Schwestern, die mich für meinen Mann bedauerten.

Im November entband ich dann per Kaiserschnitt einen gesunden Jungen. Wir wussten bis kurz vor der Entbindung nicht, ob es ein Mädchen oder ein Junge werden würde, Christian lag etwas merkwürdig im Mutterleib. Wir freuten uns sehr über unser Kind. ich durfte nicht stillen, deshalb zogen wir ihn mit der Flasche groß. Zwei Monate nach der Entbindung ging ich zur Blutabnahme, um meine Werte kontrollieren zu lassen. Während der Schwangerschaft hatte ich fast normale Leberwerte, wofür ich dankbar war. Aber als ich das Ergebnis der Blutuntersuchung las, traf es mich hart. Die Werte waren in die Höhe geschossen und die Viruslast auch. Ich fuhr wieder nach Heidelberg um mit den Ärzten das weitere Vorgehen abzusprechen. Es stand eine erneute Interferontherapie an. Mit Erschrecken dachte ich an die erste Therapie, stimmte aber dennoch zu, denn mir blieb nichts anders übrig. Also ging alles wieder von vorne los. Was ein Glück, dass Christian die Flasche bekam, so konnte Jürgen Christian versorgen, während ich mal wieder im Krankenhaus lag. Meine Schwiegermutter half uns sehr in dieser Zeit. Sie hatte zu diesem Zeitpunkt Rheuma und die Eltern fuhren oft nach Bad Kreuznach um sich zu erholen. Im Februar 1995 beschlossen sie, dass es für sie besser wäre auch dort zu wohnen. Der Garten am Haus war zuviel Arbeit und zu groß. Wir redeten alle miteinander und beschlossen, dass wir das Haus übernehmen würden, Norbert unsere Ein-Zimmer-Wohnung bekommen sollte und Andreas, Jürgens älterer Bruder, unseren Anteil an dem gemeinsamen Haus erhalten sollte. Alles wurde notariell festgehalten und wir zogen Ostern 1995 in das Haus ein.

Ich bekam leider als Nebenwirkung der Therapie heftige Depressionen, was unserer Ehe nicht gerade guttat. Es war eine sehr schwierige Zeit, besonders für Jürgen, der das alles ertragen musste und deshalb auch wieder mehr trank. Die Belastungen waren einfach zu groß und ich redete nicht darüber, wie es mir ging. Ich behielt alles für mich, obwohl Jürgen mich immer drängte ihm zu sagen, wie es mir ginge. Ich sagte immer nur, dass es mir gut ginge, was aber nicht stimmte. Unsere Ehe litt sehr darunter und ich klagte Regine und Maria mein Leid. Maria sagte irgendwann auch mal, wenn ich nicht glücklich und die Belastung ‚Jürgen' zu groß sei, würde immer noch die Möglichkeit der Trennung bestehen. Aber das wollte ich im Grunde gar nicht.

Christian war mein einziger Sonnenschein in diesen Monaten, obwohl auch er vor Krankheiten nicht geschützt war. Mit vier Monaten fiel er mir vom Arm, als ich gerade seine Flasche aus dem Flaschenwärmer holen wollte. Er stützte sich an meinem Gürtel ab und rutschte von meinem Arm. Als er auf dem Boden aufschlug und sich nicht rührte, dachte ich erst er sei tot. Dann fing er jämmerlich an zu weinen. Ich bekam so eine Panik, rief sofort Jürgen an, der nach Hause kam. Zusammen fuhren wir zum Arzt. Dieser sagte, dass es besser wäre Christian über Nacht zur Beobachtung in die Kinderklinik zu bringen. Ich durfte bei ihm bleiben. Die Nacht verlief ruhig und ich freute mich darauf, Christian wieder mit nach Hause nehmen zu können. Auf dem Flur begegnete ich einer Frau, die Christian so süß fand, dass sie ihm über den Kopf streichelte. Ich freute mich über das schöne Lob.

Am Abend zu Hause fing Christian an zu erbrechen und bekam heftigen Durchfall. Nichts behielt er drin, auch keinen Tee. Er wurde immer apathischer. Um 23 Uhr wussten wir uns nicht mehr zu helfen, packten Christian und fuhren in rasender Geschwindigkeit in die Kindernotaufnahme. Zum Glück wurden wir an diesem Abend nicht von der Polizei angehalten, denn Jürgen fuhr wirklich schnell, während ich Christian auf dem Arm hielt. Im Krankenhaus bekam Christian einen Tropf angehängt. Die Mutter, die Christian einen Tag vorher über den Kopf gestreichelt hatte, war mit ihrem Kind in Quarantäne gewesen, da es den Rotavirus (Brech-Durchfall) hatte. Dass sie unser Kind angefasst hatte, konnte ich nicht begreifen.

Christian musste fast eine Woche im Krankenhaus bleiben. Jürgen und ich wechselten uns mit dem Übernachten ab. Ich war froh, als er endlich entlassen wurde. Christian war ein sehr kränkliches Kind und hatte oft Erkältungen und Schnupfen. Auch die Nächte waren nicht einfach und oft holten wir ihn zu uns ins Bett um nicht ständig aufstehen zu müssen. Das war für uns, besonders für Jürgen einfacher, er musste ja arbeiten und Christian in unserem Bett besser schlief.

In Juni 1997 kam ein neuer Pastor zu uns in die FeG. Er hatte vier Kinder.

Mit drei Jahren durfte Christian in den Kindergarten, in den er sehr gerne ging, am Anfang nur vormittags, aber bald wollte er auch nachmittags hin. Er kannte dort auch einige Kinder aus unserer Gemeinde.

Auf unserer Mitgliederversammlung im Frühjahr 1998 fragte unser Pastor Hilmar Schultze nach, ob es nicht jemanden gäbe, der ihm bei der Büroarbeit helfen könnte. Sein Büro befand sich zu diesem Zeitpunkt zu Hause. Da er im selben Vorort wohnte und ich mich durch meine Ausbildung mit Büroarbeit auskannte, übernahm ich dies und ging einmal die Woche zu ihm.

Doch irgendetwas stimmte nicht mit mir. Ich hatte neuerdings Schmerzen in meinem rechten Fuß, die ich nicht einordnen konnte. Ich ging zum Arzt und er meinte, es läge an den Füßen und verschrieb mir Einlagen. Ich benutzte diese regelmäßig, jedoch wurden die Schmerzen nicht besser. Einige Wochen später fing mein rechter Daumen an wehzutun und ich konnte ihn nicht mehr bewegen. Wieder ging ich zum Arzt und fragte, woran es liegen könnte. Ich erwähnte, dass meine Schwester Regine seit ein paar Jahren Rheuma hätte, ob ich vielleicht das Gleiche hätte, aber der Arzt verneinte dies. Zwei Wochen später wachte ich morgens auf und alle Fingergelenke waren angeschwollen und ich konnte mich kaum bewegen. Da Jürgen schon zur Arbeit gefahren war, versuchte ich irgendwie aufzustehen. Ich musste Christian ja in den Kindergarten bringen. Ich rief meine Freundin an, die zwei Ecken von mir wegwohnte und ihre Kinder ebenfalls in den Kindergarten gingen, ob sie Christian mitnehmen könnte. Sie tat es und ich versuchte irgendwie zum Arzt zu kommen. Als ich ihm meine Hände zeigte, fragte ich nur „hab ich jetzt Rheuma oder nicht“? Ich bekam eine Überweisung zum

Rheumatologen und machte zu Hause sofort einen Termin aus. Langsam konnte ich mich etwas besser bewegen, aber die Schmerzen waren immer noch da. Christian war 3 ½ Jahre alt als ich das Rheuma bekam. Ich konnte ihm kaum beim Anziehen helfen und erklärte ihm stattdessen, wie er es selber machen könnte.

Es folgte eine Reihe von Untersuchungen und Experimentieren mit Medikamenten, welches sich als schwierig herausstellte. Ich konnte kein Cortison oder andere starke Medikamente nehmen, da wegen der Hepatitis C sofort meine Leberwerte anstiegen. Immer wieder wurde ein Medikament abgesetzt und ein neues ausprobiert. In der Zeit wuchs Christian heran und wurde selbstständiger als manch anderes Kind, er musste einfach vieles alleine machen. Jürgen und auch meine Schwiegereltern halfen so gut sie konnten, aber als Frau ist es schon sehr hinderlich, wenn man den Haushalt nicht führen kann. Zwischenzeitlich beschäftigten wir auch eine Putzfrau. Die Medikamente halfen dann wiederum so gut, dass ich auch wieder mobiler war. Aber es war trotzdem eine anstrengende Zeit und ich fragte mich mal wieder, warum musste das ausgerechnet mir passieren?

Ich arbeitete trotzdem weiter bei Pastor Hilmar Schultze, es lenkte mich auch ein wenig von meinen Schmerzen ab. Meine Ehe war zu dieser Zeit stabil. Jürgen akzeptierte zwangsweise den Kontakt zu Regine, auf Geburtstagen sahen wir Maria und Harald, und alles schien soweit in Ordnung. Zu meinem Vater hatte ich immer noch keinen Kontakt.

Marco hatte mittlerweile zwei Jungen und zwei Mädchen, Regine hatte zwei Söhne, Maria einen Sohn und wir unseren Christian. Christian bekam kurz vor der Einschulung die Mandeln entfernt, wodurch sich seine Gesundheit rapide verbesserte und er endlich mit dem Fußballspielen anfangen konnte.

10. „Trage dein Inneres nicht nach außen, es geht die anderen nichts an"

Mit der Familiensituation war ich nicht so ganz zufrieden. Ich hatte Kontakt zu Marco und Regine und heimlich zu Maria, aber ich wollte auch hier einen offiziellen Kontakt haben, was jedoch von Jürgens Seite nicht möglich war. Es hatte zu viele Verletzungen gegeben, die gegen ihn gingen. Immer noch war Jürgen von Seiten meiner Familie nicht voll akzeptiert, was unsere Ehe stark belastete. Außerdem hatten alle meine Geschwister weiterhin Kontakt zu Papa. Ich war die einzige, die diesen Kontakt nicht hatte, er hatte auch Christian noch nie gesehen.

Im Frühjahr 2000 kam es aber auch dort zum Bruch. Papa lebte zu dieser Zeit mit einer neuen Frau zusammen in Ludwigshafen. Er hatte immer noch Schulden die er nicht zurückzahlen konnte. Maria und Harald standen ihm beratend zur Seite und versuchten einiges in Ordnung zu bringen. Papa konnte nie mit Geld umgehen, ob er es heute kann, weiß ich nicht. Leider hat er das an uns Kinder weitergegeben, wie ich weiter oben auch schon beschrieben habe, da es mir ebenso ergangen war. Aber mittlerweile habe ich gelernt sehr gut mit Geld umzugehen, dank Jürgen.

Papas neue Freundin wollte sich von ihm trennen und auch seine finanzielle Lage sah sehr prekär aus. In seiner Not machte er diverse Andeutungen sich evtl. das Leben zu nehmen. Maria und Harald griffen ein, was Papa ihnen sehr übel nahm. Er beschimpfte sie in einem Brief, wie er es Jahre zuvor auch bei mir getan hatte und wünschte ihnen nur das Schlechteste, verfluchte sie sogar. Es kam zum Bruch zwischen ihnen. Papa kehrte seiner ganzen Familie den Rücken, brach also auch den Kontakt zu Marco und Regine ab, und vor allem zu seinen Enkelkindern, unter denen die Älteren es bis heute nicht verstehen. Marco sagte einmal zu mir, wie Christian damit klarkommen würde, dass Papa den Kontakt abgebrochen hatte. Ich sagte sehr gut, da er

Papa noch nie gesehen hatte bzw. gar nicht kannte. Wir erfuhren von der ganzen Angelegenheit mit Papa erst im Herbst 2004.

Im Herbst 2003 gingen Jürgen, Christian und ich zusammen in den Pfälzer Wald um Maronen zu sammeln. Zu dieser Zeit probierte ich ein anders Rheumamedikament Namens MTX (Methotrexat) in Spritzenform aus, welches mir ganz gut geholfen hat. Wir haben viele Maronen gesammelt und ließen sie uns abends gut schmecken. Eine Woche später bemerkte ich einen roten Fleck am Rücken, dachte jedoch, das wäre eine Nebenwirkung des Medikamentes. Ich ging zum Arzt und er sagte mir, dass ich es einreiben sollte, was ich auch tat. Der Fleck wurde jedoch immer größer und auch meine Leberwerte gingen rapide nach oben. Ich wurde immer schwächer und konnte kaum noch arbeiten. Nach der nächsten Blutabnahme rief mich mein Hausarzt an und sagte, ich solle ins Krankenhaus gehen. Meine Leberwerte seien so stark gestiegen, (GPT = 538; GOT = 373) dass dringend etwas unternommen werden müsste. Da ich eine Ablehnung gegen die Wormser Krankenhäuser habe, bestand ich darauf, ins Frankenthaler Krankenhaus zu gehen, zumal die Ärzte mich dort kannten und die ganze Unfallgeschichte in den Krankenakten hatten. Meine Schwiegermutter brachte mich nach Frankenthal. Ich erzählte der Stationsärztin von meinem Unfall, den Folgen, der Hepatitis C und dem Rheuma. Dann erwähnte ich auch noch den Fleck auf meinem Rücken, den sie sich ansah und einen Hautarzt bestellte. Als dieser kam sagte er zu mir, dass dieser Fleck ein Zeckenbiss wäre und ich höchstwahrscheinlich eine Borreliose hätte. Dies würde auch den hohen Leberwert erklären. Das MTX sollte ich dennoch absetzten, da dies auch für die hohen Werte verantwortlich sei. Es wurde eine Blutuntersuchung durchgeführt und tatsächlich hatte ich mir beim Maronensammeln einen Zeckenbiss eingefangen mit anschließender Borreliose. Ich bekam sofort intravenös Antibiotika angehängt. Abends und nachts bekam ich hohes Fieber, 41° und Schüttelfrost. Die Schwestern legten Wadenwickel um das Fieber zu senken und erst am dritten Tag ging es mir langsam besser. Jürgen arbeitete, und so bekam ich von ihm und Christian immer erst am späten Nachmittag Besuch, und dort setzte mein Schüttelfrost ein. Christian war zu dieser Zeit in der dritten Klasse. Seine Lehrerin erzählte mir später, dass er im Unterricht einfach anfing zu weinen und sie ihn fragte, was denn los sei. Er antwortete, dass ich im Krankenhaus sei und es mir so schlecht gehe. Mir tat es in der Seele weh mitzubekommen, dass es ihm so ergangen war, obwohl er von Geburt an mitbekommen hatte, dass ich gesundheitlich angeschlagen bin. Heute sieht er die Dinge lockerer, da er es gewohnt ist, wenn Jürgen oder ich krank sind.

Im Frühjahr 2004 bekam Jürgen einen Bandscheibenvorfall und konnte sich nicht mehr rühren. Maria hatte zur selben Zeit einen Bandscheibenvorfall und so kommunizierte ich oft zwischen den beiden hin und her, weil Jürgen nicht mit Maria reden wollte. Als ich eines Tages Maria am Telefon hatte und sie mir etwas für Jürgen ausrichten ließ, gab ich Jürgen den Hörer in die Hand, damit er selbst mir ihr reden konnte. So entstand wenigstens ein kleiner Kontakt zwischen den beiden.

An Weihnachten trafen wir Geschwister uns alle bei Regine in Speyer. Regine war mittlerweile in dritter Ehe mit einem Pfarrer verheiratet. An diesem Weihnachtsfest redeten wir alle miteinander und Harald, Maria und Jürgen zeigten Verständnis füreinander und der offizielle Kontakt wurde mit einer Flasche Wein besiegelt, was mich natürlich sehr freute. Es tat mir zwar leid, was Maria passiert war im Umgang mit Papa, aber ich hatte mein Ziel erreicht und war zumindest vorläufig glücklich.

Wir trafen uns zu Geburtstagen, Weihnachten und diversen anderen Gelegenheiten und die Welt schien in Ordnung. Jürgen trank weniger, nachdem er zwischenzeitlich ein ganzes Jahr lang nicht mehr getrunken hatte und ging zum Blauen Kreuz in die Gruppe.

Meine Schwiegereltern wohnten seit 2000 wieder bei uns in Worms. Wir hatten, da es Mutter wegen des Rheumas sehr schlecht ging und wir sie bei uns haben wollten, an unser Haus ein Neues angebaut. Bis auf das Mauerwerk und den Estrich hatten Jürgen und seine Brüder, hauptsächlich Norbert, alles alleine gemacht. Wir bekamen Hilfe von einem Elektriker, der uns jedoch nach der Hälfte der Zeit hängen ließ, und von einem Heizungsmonteur. Diese Belastung war wieder ein Grund für Jürgen mehr zu trinken, was mir gar nicht gefiel. Aber die Eltern hatten ihre Wohnung in Bad-Kreuznach bereits gekündigt und wir mussten noch alles fertigstellen. Jürgen und Norbert arbeiteten bis in die Nacht hinein und tranken dementsprechend viel. Ich fand das selbstverständlich nicht so toll und sagte es wieder meinen Schwestern die mich bedauerten.

Im Herbst 2005 klagte Jürgen über Schmerzen im Bauch. Sie waren oft so schlimm, dass er nichts machen konnte. Regine feierte ihren 40. Geburtstag, aber auch diese Feier konnte Jürgen nicht genießen. Er ging zu Untersuchungen und sollte, nachdem Blut im Stuhl gefunden wurde, eine Darmspiegelung machen lassen. Ich dachte mir, es wird schon nichts Schlimmes sein, doch Jürgen dachte anders. Der Tag der Darmspiegelung kam und es wurde ein Krebsgeschwür festgestellt. Ich war am Boden zerstört und weinte, doch Jürgen blieb ganz gefasst, da er damit gerechnet hatte. An Christians Geburtstag fand die OP statt. Jürgen hatte vorab schon alles geklärt, falls die OP schiefgehen sollte, was mich doch ein wenig geschockt hatte. Ganz nüchtern ging er an die Sache ran. Aber die OP verlief gut und dreiviertel des Dickdarms wurde entfernt. Jürgen hatte sich ein Schmerzmittel als Kanüle in das Rückenmark legen lassen, um die anschließenden Schmerzen besser ertragen zu können. Voller Ungeduld wartete ich darauf, ihn auf der Intensivstation zu besuchen, was nur zwischen 18 und 19 Uhr möglich war. Mit mulmigem Gefühl ging ich auf die Intensiv. Ich kannte Jürgen bis dahin nur als willensstarken Mann, doch ihn daliegen zu sehen mit schmerzverzerrtem Gesicht und den ganzen Monitoren, dann noch die schlechte Luft, mir wurde ganz schwindlig. Einen Stuhl für mich gab es auch nicht. Jürgen klagte sehr über Schmerzen und ich fragte die Schwester, ob er nicht mehr Schmerzmittel bekommen könnte, was dann auch geschah. Eigentlich hatte ich vorgehabt, die ganze Stunde Besuchszeit zu bleiben, doch mir war so schlecht. Ich sagte Jürgen, dass ich gehen müsste und am nächsten Tag wiederkommen würde. Jürgen war schon wieder eingeschlafen, sodass ich mir auch kein schlechtes Gewissen machen musste. Ich ging zügig nach draußen und merkte, wie mein Kreislauf zusammenbrach. Das nächste was ich sah, war eine Schwester, die sich über mich beugte, es kam mir vor wie ein Deja Vu. Der Krebs war bösartig und Jürgen bekam anschließend eine Chemotherapie. Nun war es umgekehrt, dass es mir besser ging und Jürgen krank war. Ich hatte endlich ein Rheumamittel erhalten, einen TNF Alpha Blocker Namens Enbrel, unter dem es mir sehr gut ging. Aufgrund der Krebserkrankung und des Bandscheibenvorfalles ein Jahr zuvor, konnte Jürgen seine Arbeit als Mitarbeiter einer Hausmeisterkolonne nicht mehr ausüben. Er versuchte einen Platz im Büro zu bekommen, welcher ihm dann auch angeboten wurde. In diesem Rahmen musste er 2008 auf eine dreimonatige Weiterbildung nach Heidelberg. Um Kosten zu sparen, nahm Jürgen das Angebot an und bekam dort ein Zimmer. Nur an den Wochenenden kam er nach Hause. Für mich war das eine nicht so schöne Situation. Ich fühlte mich sehr einsam. Ich hatte zwar noch Christian, aber er hatte seine eigenen Interessen. Ich arbeitete immer noch in der FeG, jetzt aber als offizielle Sekretärin, dreimal die Woche vormittags.

Ich fühlte mich schlecht, alleine und verfiel immer mehr in Depressionen. Keiner konnte mir helfen, da ich niemanden etwas sagte. Ich hatte sehr engen Kontakt zu Maria und Regine und klagte darüber, dass meine Ehe so Scheiße (Entschuldigung) war. Ich war nicht glücklich mit meinem Leben. Alles glitt mir aus den Händen. Als Jürgen Ende Oktober wieder ganz zu Hause war, verschlimmerte sich die Situation noch mehr. Dazu kam noch die

Jahreszeit, der Geburtstag meiner Mutter und das bevorstehende Weihnachtsfest, an dem ich sowieso immer in Depressionen wegen des Unfalls fiel. Alles in allem ging es mir immer schlechter, und man sah es mir mittlerweile auch an. Meine Ehe ging den Bach runter. Ich redete viel davon mich von Jürgen zu trennen, kam mit nichts mehr zurecht und wir uns auch sehr oft stritten. Regine und Maria waren mir zu dieser Zeit keine große Hilfe, sie hatten nur für mich Verständnis und mich eher darin unterstützten mich von Jürgen zu trennen. Auch Hilmar versuchte die Wogen zu glätten, ich war jedoch zu nichts bereit. Das einzige, was mich abhielt mich zu trennen war Christian. Was würde aus ihm werden, wenn er ein Scheidungskind wäre? Würde er es seelisch verkraften? Ich hatte mir im Internet sogar schon Wohnungen angesehen.

Im Januar 2009, nach einem heftigen Streit mit Jürgen, lag ich hellwach im Bett. Eigentlich hatte mein Leben keinen Sinn mehr. Was sollte ich noch hier? Ich war überzeugt, dass Jürgen und Christian ohne mich besser dran wären. Mein Glaube war im tiefsten Keller, ich ging zwar in die Gemeinde, sang auch noch auf der Bühne, aber ohne die Inhalte ernst zu nehmen. Selbst einige aus der Gemeinde merkten, dass etwas nicht stimmte. Unser Diakon für Musik sagte eines Tages zu mir, dass der Glanz aus meinen Augen verschwunden wäre.

Alles kam hoch an diesem Abend, der Unfall 1986 mit dem Tod der Mutter, meine ganzen Verletzungen, der Streit mit Papa und die seelischen Verletzungen die ich dadurch hatte, mein Rheuma, einfach alles kochte hoch in mir. Ich stieg aus dem Bett und ging ins Wohnzimmer, setzte mich an den Tisch und weinte. Wie soll mein Leben denn weitergehen – so? Warum hat Gott mich damals nicht einfach sterben lassen, dann müsste ich jetzt nicht hier sitzen. Im Schrank neben mir stand eine Flasche Eckes Edelkirsch die Jürgen geschenkt bekommen hatte. Mir war alles egal, ich nahm die Flasche aus dem Schrank und begann zu trinken. Ich hatte seit 1989 keinen Tropfen

Alkohol mehr getrunken, deswegen war ich recht schnell beschwipst. Ich holte mir Papier und Stift und fing an einen Abschiedsbrief an Jürgen und auch einen an Christian zu schreiben und bat um Verständnis. Ich holte mir aus der Küche ein Messer und begann langsam an meinem Handgelenk zu säbeln. Natürlich tat es weh, aber es war mir egal. Ich wollte nur noch sterben. Ich ritzte weiter und trank zwischendurch aus der Flasche. Ich hatte sie schon zur Hälfte geleert, als mir schwindlig wurde. Mein Ritzen war noch nicht so erfolgreich, ich hatte zwar schon einen Spalt hinbekommen aus dem auch Blut floss, aber durch die vielen Tränen sah ich kaum noch etwas. Mir war so schwindlig, dass ich mich erst einmal auf die Couch legen musste. Ich konnte ja gleich weitermachen. Ich weinte und weinte. Plötzlich kam Jürgen herein, sah mich an, sah den Tisch mit den Briefen, der Flasche und dem Messer und fragte, was hier los sei. Ich bin heute überzeugt davon, dass Gott Jürgen rübergeschickt hat um mich zu finden, bevor es zu spät war. Ich sagte ihm, dass ich nicht mehr leben möchte. Jürgen packte mich und zog mich rüber ins Bett, vernichtete die Briefe, kippte das Kirschwasser aus und blieb den Rest der Nacht wach, damit ich nicht weiter auf dumme Gedanken kam. Ich war so betrunken, dass es mir egal war. Ich hatte mittlerweile ein Pflaster über der aufgeritzten Stelle, aber sie verursachte große Schmerzen, denn der Riss war schon etwas tief.

Am nächsten Morgen rief er gleich Pastor Hilmar Schultze an und erzählte ihm von dem Vorfall. Mir tat mein Handgelenk weh, doch noch mehr tat mir meine Seele weh.

Es gab nur einen Ausweg, ich musste in eine Klinik. Pastor Hilmar Schultze rief in der Klinik Hohe Mark an und ich bekam für den 26. Februar 2009 einen Termin zur stationären Aufnahme. In der Zwischenzeit hatte ich versprochen, keine Dummheiten mehr zu machen.

Ich packte unter Tränen meine Koffer für den Aufenthalt in der Klinik. Ich wusste, es würde ein längerer Aufenthalt werden. Die ersten drei Wochen bestand eine Kontaktsperre nach außen. Ich musste mein Handy abgeben und durfte auch keine Post empfangen, d.h. jeder war auf sich alleine gestellt. Jürgen musste zu Hause mit Christian klarkommen und ich in der Hohen Mark. Mir fiel es vorab schon schwer, dass ich keinen Kontakt zu Christian haben durfte. Jürgen war mir in diesem Moment nicht so wichtig. Ein großer Streitpunkt war damals zwischen uns, dass Regines Sohn im Mai 2009 Konfirmation hatte und ich hingehen wollte, Jürgen jedoch nicht, da sein Verhältnis zu Regine sehr gespalten war. Regine hatte mittlerweile als einzige Kontakt zu Papa, der in Speyer wohnte und außerdem hatte Jürgen mitbekommen, welche „guten Ratschläge" ich von meinen Schwestern in Bezug auf die Ehe erhalten hatte. Ich jedoch wollte nicht nachgeben und unbedingt auf die Konfirmation gehen, auch weil Bärbel und Matthias da sein würden.

Jürgen setzte mich in der Klinik ab, brachte meine Sachen ins Zimmer und verabschiedete sich. Er sah furchtbar aus, da der seelische Druck an ihm auch nicht spurlos vorüber ging. Das Klinikgelände sah schön aus, jedoch das Haus in dem ich untergebracht war nicht, es war ein sehr altes Haus. In den Zimmern standen ein Waschbecken, ein Bett, ein Schrank und ein Schreibtisch. Die anderen sanitären Anlagen befanden sich auf dem Flur und wurden gemeinschaftlich genutzt. „In was bin ich da nur hineingeraten", dachte ich mir und fing an zu weinen. Ich packte meine Koffer aus und wartete, wie es weitergehen sollte. Im Speisesaal bekam ich einen Platz zugewiesen und war mit sieben anderen Patienten zusammen am Tisch.

Das erste Essen verbrachte ich recht schweigsam. „Ich kann hier nicht bleiben", dachte ich, „aber mir bleibt keine andere Wahl. Lieber hier bleiben als zu Hause bei Jürgen". Ich hatte mein erstes Gespräch mit meinem Therapeuten, das ich nur weinend verbrachte und versuchte ihm alles zu erzählen. Ich bekam auch eine Bezugsschwester zugeteilt. Den Therapeuten sah man einmal in der Woche, die Bezugsschwester konnte man jederzeit um Hilfe bitten, wenn es einem schlecht ging und man führte mindestens ein- bis zweimal die Woche Gespräche. Da ich meine Bibel auch mitgenommen hatte, fing ich langsam wieder an darin zu lesen und fragte Gott im Gebet um Klarheit, Weisheit und Weisung, wie mein Leben weitergehen soll. Ich wollte endlich Frieden in meinem Herzen und in meiner Seele haben. Die Klinik Hohe Mark ist eine christliche Einrichtung, d.h. es finden auch Gottesdienste und christliche Konzerte etc. statt an denen ich sehr regelmäßig teilnahm, was meiner Seele guttat. Ich bekam einen richtigen „Hunger" danach und fraß alles in mich auf, was ich hörte. Samstagmorgens nach dem Frühstück kam die christliche Sängerin Hella Heizmann in den Speisesaal und sang einige Lieder mit uns. Das fand ich besonders schön. Leider verstarb Hella Heizmann im Juli 2009, aber die Zeit behalte ich immer in guter Erinnerung. Trotzdem hatte ich noch Depressionen, war traurig über mein Leben und einsam. Ich versuchte mich mit Sport und Spaziergängen abzulenken, was jedoch nicht so gut gelang. Die Gegend in der Hohen Mark ist wirklich wundervoll, umgeben von Wald, in dem ich sehr oft spazieren ging, einfach auch nur, um den Vögeln zuzuhören oder am Bach entlangzugehen.

Ich wurde in verschiedene therapeutische Maßnahmen untergebracht: Maltherapie, die mir nicht so viel brachte, Erlebnisgruppe, Musiktherapie, außerdem gab es noch sportliche Aktivitäten. In den nächsten Tagen gewöhnte ich mich langsam an die Anwendungen. Meine Tischnachbarin, Theresa, wurde mir in der Zeit des Aufenthaltes eine liebe Freundin, zu der ich heute noch Kontakt habe. Auch andere Personen wuchsen mir sehr ans Herz und zu manchen habe ich weiterhin Kontakt.

Die Musiktherapie war für mich ein besonderes Erlebnis. Man drückt dort seine Gefühle in Musik aus. Wir sollten uns einmal ein Instrument aussuchen und es in der Mitte platzieren. Ich suchte mir ein kleines aus und stellte es auf den Boden. Die Therapeutin fragte mich, warum ich es ausgerechnet auf den Boden gestellt hatte. Ich sagte, weil ich nicht gesehen werden möchte, ich sei klein und unwichtig. Das gab mir doch zu denken, was ich da von mir gab. In der Erlebnisgruppe wurden die Dinge dann noch praktischer. Wir sollten einen Satz suchen, der unser Leben geprägt hatte. Ich überlegte und sagte: „Trage dein Inneres nicht nach außen, es geht die anderen nichts an“. Diesen Satz hatte mein Vater nie ausgesprochen, doch nichts anderes hat er uns jahrelang vermittelt. Nichts „familieninternes“ sollte nach außen gelangen, selbst den Unfall hätte er wahrscheinlich am liebsten nicht weitererzählt, aber das ging nicht.

Die Zeit der Kontaktsperre tat mir sehr gut, einfach mal abschalten, nicht an zu Hause denken und sich auf sich selber zu konzentrieren. Die eigenen Probleme in den Vordergrund zu stellen, genau das hatte mir gefehlt. Ich musste mich ganz persönlich um mich selber kümmern und tun, was meiner Seele gut tat.

Ich hatte eines Nachmittags eine Vision von einem Haus. Die Ehe mit Jürgen war dieses Haus, jedoch fehlte das Dach. Das Haus beinhaltet Schutz, Geborgenheit, Sicherheit und ein sicheres Fundament, doch es fehlte das Dach, welches aus Zärtlichkeit, Gefühlen und Romantik besteht. Diese Dinge, glaubte ich, fehlten mir bei Jürgen. In der Predigt sonntags ging es dann noch um 1. Korinther 13 (das Hohelied der Liebe) in einer modernen Version und ich musste weinen, denn ich fühlte mich schlecht und dennoch von Gott geliebt.

Als ich am dem Morgen, an dem meine Kontaktsperre endete, mein Handy und meine Post holte, waren dort drei Karten von Jürgen und Christian und ein kleines Päckchen von ihnen. Von Jürgen direkt war nichts Persönliches dabei, nur immer zusammen mit Christian, was mich aber dennoch freute. Jürgen wusste ja nicht, wie es mir in der Zeit ergangen war. Ich habe Jürgen das erste Mal in seiner Mittagspause angerufen, er klang sehr traurig. Noch stand unsere Ehe auf der Kippe. Ich merkte, dass ich mit Jürgen nicht reden konnte und vertraute ich mich Maria an. Jürgen fand das nicht so toll, aber ich sah für mich keinen anderen Ausweg. Wem sollte ich denn sonst alles erzählen?

Jürgen erfuhr, dass ich öfter mit Maria telefonierte und suchte aufgrund dessen auch das Gespräch mit ihr. Maria zeigte volles Verständnis für meine Situation und Jürgen wollte, dass Maria mit mir redete, er meinte, ich würde verrückt sein. Sie wollte dies jedoch nicht, ich hatte ihr Sachen im Vertrauen erzählt, die jedoch so gar nicht stimmten. Jürgen wusste nicht, wie er das durchstehen sollte aber Maria meinte nur, ich müsste alleine entscheiden. Jürgen bekam von ihr keinerlei Unterstützung, sondern es ging nur um mich und meine Situation, sie bezog keine Stellung. Jürgen hatte im Nachhinein die Vermutung, dass es meiner Familie nicht unrecht gewesen wäre, wenn wir uns hätten scheiden lassen.

Nach einem heftigen Streit am Handy simste ich Jürgen, er solle doch die Scheidung einreichen, es hätte keinen Sinn mehr. Das war das Ergebnis der Klinik? Sollte ich nicht hierherkommen, um alles in Ordnung zu bringen und heil zu werden und dann das? Ich wollte nicht die nächsten Ehejahre so leben wie die 17 Jahre zuvor. Ich gab alle Schuld Jürgen, suchte nichts bei mir.

Ich schrieb Jürgen einen Brief um ihm alles zu erklären, zeigte ihn meiner Bezugsschwester und schickte ihn mit ihrem Einverständnis ab. Die Folgen daraus waren furchtbar, denn Jürgen sah den Brief aus der Sicht eines Mannes. Ich hatte die völlig falschen Worte benutzt und geglaubt, diese würden unsere Ehe retten, doch genau das Gegenteil war der Fall. Jürgen war am Boden zerstört und wollte nicht mehr mit mir reden. An diesem Tag erfuhr ich, dass Jürgen zu einem Paargespräch in die Hohe Mark kommen sollte. Bei einem Paargespräch versucht der Therapeut auch die Sichtweise des Partners zu verstehen. Mein Therapeut war zwar in Urlaub, aber die Vertretung, Frau Günter, wollte das Gespräch leiten.

Die erste Sitzung alleine mit ihr war super. Sie sagte mir, dass ich eine Sehnsucht nach Liebe hätte, weil sie mir in meiner Kindheit gefehlt hätte. Im Grunde genommen würde ich mich wie ein Kind verhalten, welches trotzig auf alles reagiere. Ich müsste lernen, meine eigene Persönlichkeit zu finden und endlich erwachsen werden. Mir wurde immer mehr klar, was ich für eine Kindheit hatte und wie ich durch den Unfall keine Möglichkeit hatte erwachsen zu werden. Ich sehnte mich so sehr nach Liebe und Geborgenheit und ich erkannte endlich, dass Jürgen mir dies doch geben möchte, wenn ich es nur zulassen würde. Aber ich musste lernen über meine Gefühle zu reden, was ich bis dahin nie getan habe, denn der Leitspruch zu Hause war ja: „Trage dein Inneres nicht nach außen, es geht die anderen nichts an".

Ich versuchte also, Jürgen zu erreichen, aber er wollte nicht mit mir sprechen. Weinend rief ich Pastor Hilmar Schultze an und sagte ihm, er solle doch mit Jürgen reden, dass er mich anrufen solle. Jürgen hatte Pastor Hilmar Schultze meinen Brief gezeigt und er riet ihm, erst mal keinen Kontakt mit mir zu haben, bis sich alles geklärt hatte. Ich bat Pastor Hilmar Schultze erneut, er solle doch Jürgen Bescheid geben, dass er mich zurückrufen soll, was er dann auch tat. Dieses Telefonat war wohl der Grundstein unserer Erneuerung. Ich erzählte ihm von meiner Einsamkeit, von dem Gespräch mit Frau Günter, von der Erlebnisgruppe und der Musiktherapie. Ich habe mindestens zwei Päckchen Tempo während des Gespräches verbraucht. Alles schrie ich aus mir raus. Jürgen hörte zu und sagte mir, warum ich das nicht schon viel früher gesagt hätte, aber ich wusste das alles ja gar nicht. Erst in der Hohen Mark bin ich mir all dessen bewusst geworden. Jürgen meinte, er müsse mich im Grunde ganz neu kennenlernen. Nach dem Gespräch fühlten wir uns beide erleichtert. Der erste Schritt war getan und ich nahm mir vor, nie mehr zu lügen oder heimliche Kontakte zu pflegen. Jedoch sollten nicht alle Probleme gelöst sein.

Am darauffolgenden Tag in der Musiktherapie sollten wir einen Satz bilden, der mich hindert mich selbst anzunehmen. „Du bist so nicht gewollt… also mache das Beste daraus. Du bist ein Versager, du schaffst nichts". Danach sollten wir einen Gegensatz weiterführen: „Ich bin so frei, dass … ich weiß, dass ich geliebt bin und mich nicht verstellen muss, sondern ich darf so sein, wie ich bin."

Jürgen kam wie vereinbart eine Woche später zum Paargespräch. Wir saßen Frau Günter gegenüber und ich erzählte von meiner Familie, die Sachen mit Papa und die bevorstehende Konfirmation zu der ich unbedingt gehen wollte. Ich erzählte ganz nüchtern, wie meine Schwestern mich, bewusst oder unbewusst, unter Druck setzten. Frau Günter unterbrach mich und fragte: „Sehen Sie eigentlich, wie ihr Mann neben Ihnen leidet?" Ich nickte und meinte nur, er wolle doch alles wissen. Frau Günter sagte mir, ich würde mich wie ein Kind benehmen, was sie mir zuvor ja schon einmal sagte. Ich wolle immer nur haben und haben und wenn ich etwas nicht bekomme, wäre ich beleidigt. Ich würde mich von meiner Familie unter Druck setzen lassen, obwohl dort nur Schmerz, Verlassenheit und Trauer vorhanden sind. Ich müsste zu Hause dringend in eine Therapie um alles aufzuarbeiten. Jürgen würde unbewusst die Vaterrolle übernehmen, kann aber nicht Vater und Ehemann gleichzeitig sein. Ich müsse endlich das Kind in mir loslassen und eine Frau werden und Jürgen müsse mir dabei helfen. Gemeinsam verließen wir Hand in Hand das Paargespräch. Es lag zwar noch ein weiter Weg vor uns, aber nun wussten wir, wo wir anfangen sollten. Ich schrieb Regine eine Karte und teilte ihr mit, dass ich nicht zur Konfirmation kommen würde. Was sie darüber denken würde war mir egal, denn ich musste mich jetzt um mein Leben und meine Ehe kümmern. Ich bekam das erste Mal in meinem Leben Antidepressiva, diese sollten mir helfen, besser mit meinem Leben und den kommenden Situationen klarzukommen.

Ich bin heute so froh und dankbar, dass ich in der Klinik Hohe Mark war und mir geholfen wurde. Ich danke Frau Günter, die mir die Augen geöffnet hat und bin mir sicher, dass ich das Kind sein abgelegt habe. Ich kann diese Klinik jedem empfehlen, der in irgendeiner Art und Weise mit seiner Vergangenheit oder Gegenwart nicht klar kommt, dorthin zu gehen. Dort bekommt man wirklich Hilfe.

11. Die zweite Beerdigung

Nach acht Wochen wurde ich schließlich entlassen. In der Zeit des Klinikaufenthaltes hatte nur Maria mit mir Kontakt aufgenommen. Von Marco und Regine hatte ich nichts gehört. Vor dem Klinikaufenthalt hatte ich sehr oft mit ihnen geredet, da ich mir eigentlich sicher war, mich von Jürgen zu trennen. Aber mir wurde klar, dass fast ausschließlich ich mich immer gemeldet hatte und ganz selten die anderen. Und so beschloss ich, mich bewusst nicht zu melden um abzuwarten, was passieren würde. Regine meldete sich überhaupt nicht. Ich schob es auf die Karte mit der Nichtteilnahme an der Konfirmation ihres Sohnes zurück und dachte sie wäre vielleicht beleidigt. Maria rief mich auch kaum noch an und Marco sowieso nur, wenn er irgendetwas wollte; ihn sah ich ab und zu in der Gemeinde. Zu Hause setzten Jürgen und ich uns zusammen und ich erzählte ihm einfach alles. Ich sprach von den heimlichen Kontakten zu meinen Schwestern, davon, dass ich zusammen mit Regine damals den Brief aufgesetzt hatte und einfach all die Dinge, die ich ihm verschwiegen hatte. Ich fing wieder an in der Gemeinde zu arbeiten, nur das Singen im Musikteam legte ich bewusst bis Ende des Jahres auf Eis, was mir nicht leicht viel.

Ich suchte im Internet nach einer Therapeutin und fand schließlich eine in Frankenthal. Sie war nett, aber irgendwie fand ich keinen Zugang zu ihr. Sie saß da und hörte sich meine Geschichte an, auch die Eheprobleme, die Jürgen und ich gehabt hatten. In den folgenden Sitzungen fragte sie mich öfter, ob es nicht besser wäre Jürgen zu verlassen. Mich wunderten die Fragen schon, denn ich wollte das nicht. Letztendlich habe ich diese Therapeutin wieder verlassen, die „Scheidungsfrage" wurde mir zu oft gestellt.

Jürgen ging es psychisch zunehmend schlechter. Die ganze Angelegenheit hatte ihm doch sehr zugesetzt. Ich fragte ihn, ob es nicht sinnvoll wäre auch in die Hohe Mark zu gehen. Zuerst wollte er nicht, aber nach Zureden von Pastor Hilmar Schultze und mir stellte er schließlich einen Antrag. Im Herbst 2009 ging er dann in die Klinik. Dort stellten die Ärzte bei ihm eine rezidivierende depressive Störung, einen ausgeprägten Kontroll-Unterwerfungskonflikt und eine nazistische Persönlichkeitsstörung fest. Durch seine schlimme Kindheit, die Epilepsie und die daraus folgende aggressive Wesensveränderung des Vaters wurde er sehr oft mit der Faust oder dem Gürtel geschlagen und in seinem Freiraum eingeengt, sodass er mit 17 Jahren von zu Hause auszog und darin einen Grund fand mit dem Trinken anzufangen. Er sollte ebenfalls in Therapie gehen. Der Klinikaufenthalt tat ihm auch sehr gut, denn er entdeckte, dass er eigentlich unfähig war Gefühle zu zeigen. Daran musste er arbeiten.

Kurz vor Weihnachten kam er nach Hause und wir konnten ein friedvolles Weihnachtsfest feiern soweit es mir möglich war, denn meine weihnachtlichen Depressionen kamen wie jedes Jahr hoch.

An einer Stelle hat mir die Therapeutin aus Frankenthal jedoch geholfen. Ich erzählte ihr, dass ich jedes Jahr um die Weihnachtszeit Depressionen bekomme, da ich den Tod und das Abschiednehmen der Mutter immer noch nicht überwunden hatte. Sie fragte mich in einer Sitzung: „Warum holen Sie die Beerdigung nicht einfach nach?“ Ich sah sie erstaunt an. Auf diese Idee bin ich noch nie gekommen. Ich fragte Pastor Hilmar Schultze, ob er dazu bereit wäre. Er hatte so etwas zwar noch nie gemacht, willigte aber sofort ein. Ich schrieb dem Pastor, der Muttis Beerdigung gehalten hatte per Mail an, und fragte ihn, ob er die Beerdigungspredigt noch hätte. Ich glaubte es eigentlich kaum, da es schon so lange zurücklag. Aber er hatte sie noch und sandte sie mir per Mail zu. Ungelesen gab ich sie an Pastor Hilmar Schultze weiter. Im Frühling 2010 fuhren wir beide in Schwarz gekleidet zum Grab meiner Mutter. Wir hielten eine richtige Beerdigung und ich war froh, dass niemand auf dem Friedhof war, denn so etwas gab es wahrscheinlich sonst nicht. Wir sangen einige Lieder und Pastor Hilmar Schultze hielt die Predigt. Ich hatte zuvor Markus gefragt, ob er nicht mitkommen wollte, da er die Beerdigung auch verpasst hatte, aber er wollte nicht. Zu Hause hatte ich an Mutti einen Brief geschrieben, den ich am Grab mit viel, viel Tränen vorlas.

Liebe Mutti,

nun bist du schon 23 Jahre tot und endlich möchte ich dir alles sagen, was mir auf dem Herzen liegt. Zuerst möchte ich dir sagen, dass ich dich sehr lieb habe. Vieles habe ich in all den letzten Jahren nicht verstanden, warum der Unfall passieren musste, warum ich so krank bin, seelisch und körperlich, und warum du sterben musstest. In den Jahren nach dem Unfall war es für mich sehr schwer, dies alles zu verstehen, aber mittlerweile geht es einigermaßen. Ich habe mich oft gefragt, ob ich schuld war und dich vielleicht abgelenkt habe, da ich doch endlich mein erstes Solo singen durfte. Aber Hilmar, das ist zurzeit unser Pastor, hat mir diese Schuldfrage genommen. Ich trage keine Schuld an dem Unfall. Manchmal frage ich mich, ob du mit deinen Gedanken bei deiner Ehe warst, da Papa ja einen Abend vor dem Unfall von seiner Kur heimkam. Bärbel erzählte mir neulich, dass sie sogar angerufen hatte und dich am Telefon hatte. Ich weiß mittlerweile über Papa Bescheid und es tut mir unendlich leid, was du all die Jahre durchgemacht hast.

Ich war letztes Jahr in einer christlichen, psychiatrischen Klinik, da ich leider keine gute Ehe geführt hatte. In der Klinik, während der Therapien, ist mir vieles klargeworden. Ich weiß, dass du dir lieber einen Jungen gewünscht hast. Doch dann kam ich, und um das „Problem“ zu lösen, habt ihr Detlef in die Familie geholt. Jetzt hatte ICH nur ein Problem. Es gab Maria und Regine, Marco und Detlef. Ich war irgendwie das „fünfte Rad am Wagen“.

Ich bin mir sicher, dass du mich auch geliebt hast, aber nicht so, wie ich es gebraucht habe. Ich weiß nicht, wie deine Kindheit war, aber was ich in meiner Kindheit schmerzlich vermisst habe, ist die gezeigte Liebe von dir.

Ich wurde nur zu Weihnachten und zum Geburtstag von dir in den Arm genommen. Mir fehlte es, dass du Liebe zu mir zeigtest.

Weißt du, ich habe einen wunderbaren Sohn. Du würdest dich sicher über ihn freuen. Was ich von Anfang an gemacht habe, ich habe ihm immer wieder gesagt, dass ich ihn lieb habe und ihn so oft es geht umarmt. Ich hatte dieses dringende Bedürfnis, ihm alle meine Liebe zu geben, wahrscheinlich als Ausgleich dafür, was ich als Kind nicht bekommen habe.

Vielleicht konntest du nicht anders, weil du als Kind auch diese Art von Liebe selber nicht erhalten hast. Ich habe gehört, dass du ein uneheliches Kind warst und eher bei deiner Oma aufgewachsen bist als bei deiner Mutter. Und ich glaube auch nicht, dass du von der Familie von Papa sehr viel Liebe bekommen hast. Wie gesagt, ich möchte nicht sagen, dass du mich nicht geliebt hast, aber du hättest es mir mehr zeigen müssen.

Ich habe einen wunderbaren Mann, der mich wirklich liebt, obwohl ich ihn so tief verletzt habe. Ich möchte nicht so werden wie Papa oder du. Deswegen versuche ich, mit Gottes Hilfe mein Leben in Ordnung zu bringen und gemachte Fehler nie mehr zu wiederholen.

Zum Schluss möchte ich dir sagen, dass du mir fehlst, obwohl ich froh bin, dass du den Zerbruch unserer Familie nicht mehr miterlebt hast. Ich weiß nicht, was gewesen wäre, wenn du den Unfall überlebt hättest, ob Papa dich wirklich verlassen hätte.

Ich weiß nur, dass meine Geschwister all das, was ich herausgefunden habe nicht verstehen, und Papa würde es auch nicht verstehen. Aber darum geht es auch nicht. Ich weiß, was ich weiß und das ist das Wichtigste.

Ich möchte dich um Vergebung bitten, da, wo ich dich seelisch verletzt habe und ich vergebe dir auch dein eher unbewusstes Handeln. Ich bin mir sicher, dass ich dich eines Tages wiedersehen werde bei unserem Herrn und

Heiland im Himmel. Dann, liebe Mutti, werde ich dich in die Arme nehmen und dir sagen wie lieb ich dich habe.

Bis dahin deine Tochter Frauke

Ich vergrub den Brief in der Erde und Pastor Hilmar Schultze betete noch am Grab, dann fuhren wir wieder nach Hause. Es war so ein befreiendes Erlebnis, ich kann das gar nicht richtig beschreiben. Seit dieser Zeit trauere ich nicht mehr, ich kann Weihnachten fröhlich feiern. Pastor Hilmar Schultze hatte so etwas auch noch nie gemacht und war ebenfalls zutiefst berührt von diesem Ereignis. Ich kann nur jedem empfehlen, der ähnliches erlebt hat, eine Beerdigung nachzuholen. Es hilft ungemein bei der Trauerbewältigung.

12. Das erste Mal tiefe Gefühle zum Vater

Jürgen hatte sich nach der Hohen Mark einen Therapeuten gesucht und war ambulant in psychiatrischer und psychotherapeutischer Behandlung. Aber er merkte bald, dass es nicht so voranging wie er hoffte, sein Gefühlleben war wie eingefroren, deshalb stellte er einen erneuten Antrag zur Aufnahme in die Klinik Hohe Mark. Er hatte die Hoffnung, dass ein erneuter Aufenthalt eine Änderung seines Gefühlslebens bringen würde. Ich wurde zu dieser Zeit im Frankenthaler Krankenhaus operiert und bekam die Gebärmutter entfernt. Jürgens Vater wurde langsam senil, was Jürgen auch immer mehr zu schaffen machte, da wir ja zusammen wohnten. An Schlafen war überhaupt nicht mehr zu denken, da er so viele Gedanken hatte, die ihn davon abhielten. Sein Selbstwertgefühl war absolut im Keller.

Ich war im Sommer für einige Tage mit ein paar Frauen, die ich in der Hohen Mark kennengelernt hatte, an der Ostsee. In dieser Zeit versank Jürgen in tiefste Depressionen und trank dementsprechend wieder mehr. Leider hatte er auch wieder angefangen zu rauchen, was ich gar nicht gutheißen konnte, da ich in immer wiederkehrender Angst lebte, der Krebs könne wiederkommen.

Jürgens Antrag für einen Aufenthalt in der Klinik Hohe Mark wurde stattgegeben und so ging Jürgen im September 2010 wieder in die Klinik. Mein Schwiegervater klagte zu dieser Zeit immer mehr über Unwohlsein. Er nahm rapide ab, konnte kaum noch etwas essen und wir machten uns Gedanken. Er erbrach auch häufiger und schließlich machten meine Schwiegermutter und ich einen Termin beim Arzt aus. Es wurden Blutuntersuchungen gemacht und auch eine Darmspiegelung wurde vorgenommen. Dabei wurde ein riesiger Tumor am Darm festgestellt. Obwohl in der Familie vom Schwiegervater häufig Krebs vorkam, wie auch der Darmkrebs von Jürgen, ist er nie zur Vorsorge gegangen. Es wurde ein Termin für die Operation festgelegt und er wurde bald darauf operiert. Ich informierte Jürgen in der Hohen Mark darüber, aber er konnte von dort aus sowieso nichts machen. Bei der Operation wurde festgestellt, dass noch mehr Organe befallen waren, dennoch wurde eine Chemotherapie angeordnet, was wir überhaupt nicht verstanden, denn eine Heilung war nicht in Sicht. Meiner Schwiegermutter ging es zu diesem Zeitpunkt auch nicht gut, ich war noch nicht wieder fit von meiner eigenen Operation; also die gesundheitlichen Sorgen bei uns waren extrem. Dennoch versuchte ich so weit es ging zu helfen und Norbert war unser aller Helfer. Die Beziehung zwischen Schwiegervater und Christian war nie besonders eng gewesen, und so nahm Christian es einigermaßen gefasst auf, jedoch litten seine schulischen Leistungen darunter. Ich weinte öfter, da mich das alles doch sehr mitnahm und Jürgen mir von der Hohen Mark aus keine Hilfe leisten konnte.

Die Lage spitzte sich zu, als es Schwiegervater immer schlechter ging. Er baute zunehmend ab und bekam immer mehr Schmerzen. Wir räumten sein Zimmer aus, um es für ein Krankenzimmer herzurichten, denn Mutter hatte sich überlegt, ihn zu pflegen, obwohl es ihr gesundheitlich selber sehr schlecht ging. Zwei Wochen nach der Operation, Jürgen war wieder zu Hause, mussten wir nachts den Rettungswagen holen, da es Vater sehr schlecht ging. Wir merkten bald, dass es nicht mehr lange dauern würde, denn er konnte kaum noch reden. Mutter verbrachte einige Nächte im Krankenhaus bei ihm. Als wir merkten, dass es nur noch Stunden dauern würde, regelten wir bei einem Beerdigungsinstitut im Vorfeld schon die Beerdigung. Mutter hatte eine Nacht zu Hause verbracht und wollte die nächste Nacht wieder im Krankenhaus schlafen. Sie übernachtete von Samstag auf Sonntag dort. Wir hatten unsere Handys am Bett liegen, damit sie uns sofort informieren konnte, wenn Vater stirbt. Ich hatte Jürgen gedrängt, doch seinen Vater zu besuchen, was er zunächst abgelehnt hatte, denn seine negativen Kindheitserinnerungen kamen durch den Aufenthalt in der Hohen Mark alle wieder hoch. Er besuchte ihn dennoch, doch leider war sein Vater zu diesem Zeitpunkt nicht mehr ansprechbar, aber wie Jürgen ihn dort liegen sah, empfand er das erste Mal, ein tiefes Gefühl zu seinem Vater.

Sonntagnacht um 1 Uhr rief Mutter an und teilte uns mit, dass Vater verstorben sei. Jürgen rief sein Brüder an und zog sich an. Zuerst wollte ich nicht mitfahren ins Krankenhaus, überlegte es mir jedoch anders. Vor dem Krankenhaus trafen wir Norbert und gingen gemeinsam auf die Station. Vater lag dort auf dem Bett und sah aus, als würde er schlafen, jedoch waren Mund und Augen offen. Ich war auf so einen Anblick nicht vorbereitet und sah ihn geschockt an. Sofort dachte ich an meine Mutter. Ob sie wohl genauso ausgesehen hatte? Die Schwester und Mutter kümmerten sich um Vater und deckten ihn zu, sie legte ein Band um seinen Kopf damit der Mund zuging und schloss die Augen. Wir stellten uns um das Bett und beteten das Vater Unser. Ich stand neben Mutter und merkte, wie sie schwankte und stützte sie. Da war ich froh, dass ich doch mitgekommen war. Andreas trafen wir erst, als wir wieder zu Hause waren. Von dort aus riefen wir auch das Beerdigungsinstitut an. Ich legte mich wieder ins Bett und versuchte noch etwas zu schlafen, ich musste an diesem Tag im Gottesdienst mit meinem Musikteam singen, jedoch konnte ich nicht schlafen. Dieses Bild, wie Vater dagelegen hatte, verfolgte mich immer wieder. Ich stand rechtzeitig auf, zog mich an und fuhr in die Gemeinde. Es war der Totensonntag und wir hatten dementsprechende Lieder ausgesucht und es fiel mir schwer, diese zu singen. Ich informierte Pastor Hilmar Schultze und er ging auch im Gottesdienst darauf ein, dass Vater gestorben sei. Es war ein schwerer Gottesdienst für mich und ich war froh, als er vorbei war.

Wir suchten am nächsten Tag die Kleider aus, die Vater anbekommen sollte und fuhren zum Beerdigungsinstitut, um die letzten Details zu regeln. Ich glaube, Mutter war froh, dass wir das übernahmen. Pastor Hilmar Schultze kam und redete mit Mutter um die Beerdigung zu planen. Ich teilte auch unseren Nachbarn mit, dass Vater gestorben war und war gerührt von der

Betroffenheit. Im Büro bereitete ich die Beerdigung vor und legte den Ablauf mit Pastor Hilmar Schultze zusammen fest. Es war eine harte Woche und immer wieder sah ich dieses Bild vor mir, wie Vater in dem Bett lag. Schließlich ging ich zu Pastor Hilmar Schultze und erzählte es ihm unter Tränen. Er sagte mir, dass Vater jetzt ganz anders aussehen würde. Ganz friedlich würde er jetzt liegen denn seine Seele sei eh nicht mehr da. Es wäre nur noch der Körper vorhanden und seine Seele sei im Himmel bei Gott. Ich solle ihn so in Erinnerung behalten, wie er war und dieses Bild von ihm aus meinem Gedächtnis löschen. Wir beteten noch zusammen und mir ging es danach deutlich besser.

Am Tag der Beerdigung machten wir uns alle gemeinsam fertig. Es war sehr kalt draußen und wir zogen uns dick an. Für Christian war es die erste Beerdigung die er miterlebte. Gemeinsam fuhren wir zum Friedhof. Da wir gesundheitlich alle angeschlagen sind, hatten wir uns darauf geeinigt, eine anonyme Beerdigung abzuhalten, d.h., Vater bekommt ein Grab und wir brauchen das Grab nicht zu pflegen, da kein Grabstein vorhanden ist. Viele aus der FeG kamen, auch Vaters Verwandte aus dem Ruhrgebiet. Ich hatte schon etliche Beerdigungen miterlebt, aber keine von einem so nahen Angehörigen. Einige aus der Gemeinde hatten ein Musikteam gebildet und führten musikalisch durch das Programm. Pastor Hilmar Schultze hielt eine wunderbare Ansprache und dann gingen wir alle gemeinsam zum Grab. Die ganze Zeit hatte ich Tränen in den Augen. Als Vaters Sarg dann niedergelassen wurde fing ich an zu weinen. Da ich seit Jahren keinen Kontakt mehr zu meinem Vater hatte und auch keine Mutter mehr besaß, sind mir meine Schwiegereltern so liebe Eltern geworden, dass mich der Tod von Vater sehr mitgenommen hatte. Als dann auch noch Marco weinend vor mir stand und mich in den Arm nahm, dachten wir wohl beide auch an Mutti und mich ereilte der Gedanke, dass er doch besser zum nachholen von Muttis Beerdigung mitgekommen wäre. Anschließend fuhren wir in die Gemeinde zum Kaffeetrinken. Es war ein harter Tag für mich.

Mutter lebte das folgende halbe Jahr wie ihn Trance. Wir versuchten, so oft es ging sie abzulenken. Sie aß bei uns mit und ihre Freundinnen besuchten sie regelmäßig. Aber es dauert, bis die Zeit der Trauer vorbei ist und immerhin waren beide übe 50 Jahre verheiratet. Mittlerweile hat sie sich an das Leben ohne Vater gewöhnt und es geht ihr gut. Wir hatten sie überredet, doch in eine orthopädische Spezialklinik wegen ihrer Bandscheibe zu gehen. Leider hatte sie sich zuvor in Worms zweimal erfolglos an der Bandscheibe operieren lassen und konnte kaum noch laufen. Wir hatten auch schon einen Rollator und mittlerweile einen Rollstuhl besorgt. Sie ging zu Untersuchungen in diese Klinik und dort teilte man ihr mit, dass ihre Wirbel von Osteoporose so kaputt seien, dass nur noch eine Versteifung möglich wäre und rieten ihr, diese so schnell wie möglich machen zu lassen. Was der Arzt ihr sagte, überzeugte Mutter und sie willigte ein, obwohl sie vorher noch strikt gegen eine Operation war. Also fuhren wir sie einige Wochen später wieder in die Klinik für die Operation, die erfolgreich war. Danach konnte sie langsam wieder anfangen zu laufen, jedoch bei weitem nicht so wie früher. Aber das Bewegen zu Hause klappte schon viel besser und auch kleine Spaziergänge funktionierten wieder. Für weitere Strecken benutzt sie den Rollator.

13. *Gelitten? Gelitten!*

Ich merkte bald, dass ich ohne weitere therapeutische Hilfe doch nicht zurechtkam. Mehrfach hatte ich versucht, meine Antidepressiva abzusetzen bzw. zu wechseln, da ich von den Medikamenten Restless legs (unruhige Beine) bekam. Aber ich merkte, dass es nicht ging. Wieder nahm ich mir das Telefonbuch und fing an, Therapeuten anzurufen. Bei vielen kam nur der Anrufbeantworter oder sie hatten keine Plätze mehr frei. Eine Therapeutin klang so sympathisch auf dem Anrufbeantworter, dass ich es mehrfach versuchte. Alle drei Monate rief ich an und fragte, ob ein Platz frei wäre. Ich brauchte sehr viel Geduld und musste fast ein Jahr warten. Das erste Gespräch war so positiv, dass ich froh war so lange gewartet zu haben. Ich bin heute noch bei ihr und habe seit dem viel erreicht.

Ich versuche, meine Vergangenheit in Ordnung zu bekommen und mit allem abzuschließen. Mein Vater hatte sich zwischenzeitlich auch ein paarmal bei mir im Büro gemeldet und teilweise belanglose Gespräche mit mir geführt. Ich kann mittlerweile damit umgehen und fange auch nicht mehr an zu zittern wenn er am Telefon ist.

Jürgen ging es immer noch nicht gut. Er hatte weiterhin massive Schlafprobleme, was auch seinen Alltag belastete, da er immer müde war, sowie körperliche und psychische Probleme. Außerdem trank er wieder mehr Alkohol, was mir natürlich nicht gefiel. Selbst Christian merkte es mittlerweile sofort, wenn er etwas getrunken hatte. Wir kämpften darum, dass er Rente bekam und nach zwei Jahren, mit zweimaliger Ablehnung war die Rente endlich durch. Jürgen durfte laut Rentenbescheid nicht mehr als drei Stunden am Tag arbeiten, aber wie sollte er so eine Stelle bekommen? Doch Gott sorgte für uns und Jürgen bekam einen Minijob, der genau drei Stunden am Tag war. Wir waren sehr erleichtert, obwohl es immer noch eng war. Hatten wir nun endlich Ruhe in unserem Leben?

Im Herbst 2011 wurde mir in der Uniklinik Mainz mitgeteilt, dass es ein neues Medikament gäbe, welches die Hepatitis C ausheilen könnte. Meine Rheumaärztin meinte, ich solle diese Therapie machen. Um wegen der Hepatitis besser behandelt werden zu können, müsste ich jedoch mein Rheuma-Basismedikament absetzen. Die Therapie wegen der Hepatitis C bestand aus drei Medikamenten:

Interferonspritzen (einmal die Woche)

Ribavirin Tabletten (sechs Stück am Tag)

Telaprivir Tabletten (12 Wochen 3x2 Tabletten)

Mein Arzt in der Leberambulanz Mainz sagte mir, dass die Therapie hart werden würde, besonders die ersten zwölf Wochen.

In unserer Gemeinde praktizieren wir bei Kranken das Gebet nach Jakobus 5. Einige aus der Gemeindeleitung und evtl. einige Diakone salben den Kranken mit Öl und beten für ihn, dass Gott ihm in der jetzigen Lage hilft und ihn heilt an Leib, Seele und Geist. Dieses Gebet ließ ich auch über mich beten.

Die Telaprivirtabletten musste ich sehr genau einnehmen und zwar alle acht Stunden zusammen mit mindestens 20g Fett, d.h. morgens um 7h ein Stück Torte, Mittagessen um 15h und abends um 23h eine kleine Pizza oder ähnliches und das über 12 Wochen. Man glaubt gar nicht, wie einem Essen anekeln kann, wenn man gezwungen wird etwas zu essen. Mir wurde schlecht und oft erbrach ich das Essen eine halbe Stunde später wieder, deshalb bekam ich Tabletten gegen die Übelkeit. Da ich mein Basismedikament absetzen musste, nahm ich mehr Schmerzmittel. Insgesamt nahm ich in den ersten zwölf Wochen 17 Tabletten am Tag. Meine Blutwerte gingen rapide runter, sodass ich Blutarm wurde, was bedeutete, ich bekam sehr schlecht Luft. An einem Sonntagmorgen merkte ich das im Gottesdienst. Ich konnte die Lieder nicht mehr mitsingen und fing an zu weinen. Meine Freundin fragte mich nach dem Gottesdienst was los sei und ich sagte ihr unter Tränen, dass ich nicht mehr singen könnte, da ich kaum noch Luft bekam. Sie nahm mich in den Arm, tröstete mich und machte mir Mut, dass es nicht von Dauer wäre. Ich versuchte weiterhin meine Arbeit im Büro zu machen, doch oft fühlte ich mich zu schwach und fuhr früher nach Hause. Jürgen unterdessen erledigte zu Hause alle anfallenden Arbeiten, den Haushalt, das Kochen, den Garten und vieles mehr. Ich kam mir manchmal richtig schlecht vor, weil ich so hilflos war. Je weiter meine Blutwerte (besonders der HB) zurückgingen, desto blasser und müder wurde ich und ich war froh, als die ersten zwölf Wochen rum waren und ich die „Ekeltabletten" absetzen konnte. Ich dachte, jetzt müsste es etwas besser gehen, doch ich täuschte mich. Der Hepatitis-Virus war mittlerweile nicht mehr nachweisbar, d.h. ich war geheilt. Dennoch musste die Therapie mit Interferon und Ribavirin bis zu einem Jahr fortgesetzt werden, damit eine Heilung als sicher galt. Ich dachte mir, das schaffe ich schon und eine Zeitlang ging es auch einigermaßen. Nur mein HB-Wert wurde nicht besser. Also beschloss mein Arzt, dass ich Aufbauspritzen bekommen sollte, die den Wert auch etwas in die Höhe trieben. Ein paar Wochen lang ging es mir einigermaßen. Während der 12-Wochen-Kur hatte ich überhaupt keine Rheumaschmerzen gehabt, ich dachte schon, vielleicht ist das Rheuma mitgeheilt worden. Schmerztabletten hatte ich schon bald keine mehr gebraucht. Doch leider kamen nach 16 Wochen die Schmerzen wieder und ich musste auf die Schmerztabletten zurückgreifen. Schade, dachte ich, wär doch toll gewesen „doppelt" geheilt zu werden. Durch die niedrigen Blutwerte konnte ich kein Fahrrad mehr fahren und Jürgen beschloss mir einen Roller zu kaufen, was mir sehr gefiel. Ich fuhr mit dem Roller zur Arbeit, merkte jedoch bald, dass ich keine Kraft hatte den Roller auf den Ständer zu hieven. Nach mehreren Versuchen schaffte ich es dennoch, aber danach war ich immer k.o.

An einem Sonntagnachmittag fuhren Jürgen und ich mit unseren Rollern an den Rhein um einen Kaffee zu trinken. Das Wetter war wunderschön und wir gingen noch ein wenig spazieren. Als wir wieder losfahren wollten, Jürgen war schon angefahren, schwankte ich mit meinem Roller und kippte um. Der Roller fiel auf meinen rechten Fuß. Jürgen drehte sich um und eilte zu mir. Mein Fuß tat sehr weh, aber der Schreck war größer und ich fing an zu weinen. Jürgen war auch ganz erschrocken und wir überlegten, wie ich nun nach Hause kommen sollte. Zum Glück hatte Christian schon seinen Führerschein mit 17 gemacht. Ich rief ihn an, denn er wollte an diesem Tag noch wegfahren und sagte ihm, dass Jürgen nach Hause kommen und ihn abholen würde. Jürgen fuhr heim, nahm das Auto und Christian und kam an den Rhein. Christian fuhr mit dem Roller nach Hause und Jürgen brachte mich ins Krankenhaus, denn mein Fuß wurde dick. Da saß ich nun an einem schönen Sonntagnachmittag im Krankenhaus in der Notaufnahme und wartete darauf geröntgt zu werden. Ich hatte einen Bänderanriss und sollte eine Schiene tragen und meinen Fuß kühlen, was ich auch tat. Doch mein Fuß wurde nicht besser, eher dicker und so fuhr ich drei Wochen später wieder in die Notaufnahme und zeigte ihn einer Ärztin. Es wurde nochmals eine Röntgenaufnahme gemacht, diesmal von einer anderen Position und mir wurde gesagt, dass ich keinen Bänderanriss hatte, sondern nur eine Prellung. Hatte ich diese Schiene dann drei Wochen umsonst getragen? Ich musste meinen Fuß ruhig halten und legte mich zu Hause auf die Couch. Es dauerte lange, bis er einigermaßen geheilt war und ich ihn wieder richtig bewegen konnte. Zwischendrin war ich zur Blutkontrolle und mein HB war auf 7,4 gesunken. Kein Wunder, dass ich mit dem Roller umgekippt war, bei solch einer Blutarmut. Also stieg ich auf das Auto um und ließ den Roller stehen.

So vergingen die nächsten Wochen. Ich arbeitete zwar weiterhin, fühlte mich aber schwach und zu Hause verbrachte ich die Nachmittage auf der Couch, oft schlief ich nur. Jürgen, der Arme, erledigte alles für mich und arbeitete nebenher in seinem Minijob. Die Belastung für ihn war sehr hoch, da ihn auch mein Gesundheitszustand bedrückte. Der Sommer ging vorbei und der Herbst kam. Ich zählte die Wochen bis zum Ende der Therapie. Inzwischen musste ich nicht mehr alle zwei bis vier Wochen nach Mainz sondern nur noch alle zwei Monate. Die Blutwerte ließ ich bei meinem Hausarzt kontrollieren. Mit meiner Psychotherapie kam ich auch weiter voran. Die Luftnot machte mir weiterhin sehr zu schaffen, jede kleine Anstrengung war zu viel für mich. Mit Beginn des Herbstes und tragen der Halbschuhe entzündete sich mein Nagel am großen rechten Zeh. Wieder beim Hausarzt verschrieb mir dieser eine Salbe und Fußbäder, doch der Zeh wurde nicht besser, sondern begann zu eitern. Mein Arzt überwies mich zum Chirurgen, wo ich auch recht schnell einen Termin bekam. Als der Chirurg den Zeh sah, sagte er, er müsste ihn sofort aufschneiden. Ich sah ihn entgeistert an. „Jetzt?“ fragte ich, „das geht nicht. Morgen wird mein Sohn 18 und feiert. Ich kann doch die Feier nicht absagen“. Doch der Arzt bestand darauf und so wurde der Zeh operiert. Ich rief Jürgen an, der sich von einem Freund zum Arzt fahren ließ um mich wieder nach Hause zu fahren. Den Geburtstag von Christian verbrachte ich auf der Couch und Jürgen kümmerte sich um alles. Es war dennoch für Christian ein schöner Tag.

Pastor Hilmar Schultze hatte zusammen mit dem Präses des Bundes Freier evangelischer Gemeinden ein Projekt gestartet. Es heißt 2WortGeschichte. Man überlegt sich zwei gleiche Wörter, die dasselbe bedeuten, eines mit Fragezeichen und eines mit Ausrufezeichen und versucht in ca. 60-90 Sekunden diese Geschichte zu erzählen. Diese wird dann auf Video aufgenommen und ins Internet (www.2wortgeschichten.de) gestellt. Ich war davon sehr angetan und überlegte, was ich in dieser kurzen Zeit sagen könnte. Mir fiel auch sofort ein Wort ein *Gelitten? Gelitten!* Hier meine 2WorteGeschichte:

Am 24. Dezember 1986 hatte ich mit 17 Jahren einen Autounfall.

Ich hatte schwerste innere Verletzungen und eine Kopfverletzung. Die Ärzte kämpften um mein Leben. Am 25.12.1986 stellten die Ärzte meinen Hirntod fest. Meine christliche Gemeinde und viele Freunde beteten für mich. Und das große Wunder geschah, meine Hirnströme waren nach 12 Stunden wieder da. Nach drei Wochen erwachte ich aus dem Koma und es begann ein langer Heilungsprozess. Niemand konnte ahnen, dass ich wieder so gut hergestellt werde.

Ich verlor bei dem Unfall meine Mutter. Da ich zum Zeitpunkt der Beerdigung meiner Mutter noch im Koma lag, konnte ich nicht daran teilnehmen, worunter ich jahrelang litt. Erst als ich ca. 20 Jahre nach dem Unfall die Beerdigung mit meinem Pastor am Grab meiner Mutter nachholen konnte, wurde ich innerlich ruhiger.

Die Folgen des Unfalls spüre ich heute noch, aber ich habe gelernt damit zu leben und sie zu akzeptieren.

Ich durfte erkennen, dass Jesus mehr gelitten hat als ich. Er ist für mich am Kreuz gestorben um all meine Schmerzen und Leiden und auch mein Versagen zu tragen. Durch Jesus kann ich ein freier Mensch sein und kann dadurch andern Menschen, die ebenfalls leiden, helfen. Und dafür bin ich dankbar und bin wieder ein fröhlicher Mensch geworden. ***Gelitten? Gelitten!***

Ich hatte in meiner Gemeinde nur positive Erfahrungen gemacht. Viele fragten mich wie es mir gehe, ich bekam Anrufe und ich wusste, dass ich im Gebet getragen wurde. Von meiner Familie erfuhr ich dies nicht. Maria hatte sich in den ersten zwölf Wochen öfter gemeldet und rief auch ansonsten zwischendurch an, doch von Marco und Regine erfuhr ich keinerlei Hilfe, weder einen Telefonanruf noch praktische Hilfe, aber das war ich ja gewohnt. Ich merkte, dass mir die Gemeinde mehr Familie war wie meine Leibliche. Da ich viel Zeit hatte, suchte ich im Internet nach Gleichgesinnten, die auch die gleiche Therapie machten wie ich, um zu erfahren, wie es ihnen erging. Ich stieß auf eine Internetseite der Leberhilfe.org und las dort Erfahrungsberichte. Was ich dort las erschrak mich zutiefst. Menschen wurden sogar von ihrer eigenen Familie abgelehnt, weil sie Hepatitis C hatten. Ich war so fassungslos, dass ich beschloss auch einen Beitrag zu schreiben, denn das konnte ich so nicht stehen lassen. Hier mein Bericht:

Meine Therapie mit Telaprevir

Vor 26 Jahren habe ich bei einer Bluttransfusion Hep C bekommen. Festgestellt wurde dies allerdings erst 1989, da meine Leberwerte so hoch waren. Durch eine Biopsie wurde es dann gewiss. Damals hieß sie noch NON B NON B. Ich machte eine Interferon-Therapie. Erst nach einem halben Jahr schlug die Therapie an und meine Werte gingen zurück, der Virus jedoch blieb. Nach meiner Heirat 1991 hatte ich natürlich auch den Wunsch ein Kind zu bekommen. Da meine Werte fast im Normalbereich waren, erlaubten mir die Ärzte schwanger zu werden. Während der Schwangerschaft gingen meine Werte auf Normalbereich zurück und ich freute mich sehr. Ca. vier Wochen nach der Entbindung (Kaiserschnitt) waren die Laborwerte in die Höhe geschossen. Ich musste also wieder eine Interferon-Therapie machen. Ich machte eine reine Interferon-Therapie, da ich mir nicht sicher war, ob das mit dem Ribavirin okay war. Wieder ein Jahr lang spritzen, damals noch dreimal die Woche. Ich war wieder depressiv, verlor meine Haare und auch mein Gewicht. Mein Mann und auch mein kleiner Sohn spürten das sehr deutlich. Ich fühlte mich extrem minderwertig, da ich mich nicht richtig um

unser Kind kümmern konnte. Das war 1996
Danach hatte ich zwei Jahre Ruhe.

1998 bekam ich chronische Polyarthritis. Es hat jahrelang gedauert, bis ich medikamentös eingestellt war, da durch diverse Rheumamittel meine Leberwerte stiegen (z. B. durch Cortison, Methotrexat etc.)

Erst als ich den richtigen Arzt fand, wurde mir durch einen TNFAlpha Blocker, Enbrel, geholfen und ich konnte fast schmerzfrei leben. Ich ging weiterhin regelmäßig zur Blutabnahme um meine Leberwerte zu kontrollieren. Mein Sohn ist übrigens negativ getestet worden auf Hep C, dank des Kaiserschnittes. Bei einer normalen Entbindung wäre das Risiko doch höher gewesen. Mein Mann und ich entschieden uns, keine weiteren Kinder mehr zu bekommen, da das Risiko eines erneuten Ausbruches der Krankheit zu hoch sei.

2011 erfuhr ich von meinem Leberarzt von der dreifachen Therapie mit Telaprivir. Da ich zum Zeitpunkt der Bluttransfusion erst 17 Jahre alt war und ich die Hep C schon so lange habe, wurde mir nahegelegt, diese Dreifachtherapie zu machen.
Ich musste hierfür mein Basisrheumamittel absetzen

Im März 2012 fing ich mit der Therapie an. Dass die 12 Wochen Kur mit Telaprivir mich so umhaut, hätte ich nicht gedacht. Ich war nur noch müde, schlief viel und fühlte mich miserabel. Am Schlimmsten fand ich, alle 8 Stunden etwas Fettiges essen zu müssen. Ich habe oft gebrochen und am Ende der 12 Wochen war ich blutarm und bekam Aufbauspritzen. Eine Bluttransfusion lehnte ich ab, da ich ja durch so etwas erst die Hep C bekommen habe.

Das Interferon und das Ribavirin nehme ich weiter. Bis Februar 2013 muss ich noch durchhalten. Ich fühle mich weiterhin schlecht, habe abgenommen, die Haare sind ganz kurz geschnitten. Am Schlimmsten sind meine

Rheumaschmerzen, die ich habe, gerade jetzt in der kalten Jahreszeit. Aber ich weiß, dass es eine begrenzte Zeit ist und ich danach erstens geheilt bin von Hep C (der Virus ist nicht mehr nachweisbar ☺), und zweitens mein Basismedikament gegen mein Rheuma bald wieder nehmen kann.

Ich möchte noch hinzufügen, dass ich es sehr schade finde, bei anderen Betroffenen zu lesen, wie sie abgelehnt werden wegen der Hep C. Ich habe das in keinster Weise erfahren. Ich gehöre einer Freikirche (Freie evangelischer Gemeinde) an und habe dort immer nur Hilfe erfahren, nie Ablehnung. Ohne die vielen Gebete hätte ich das alles gar nicht durchstehen können. Auch außerhalb der Gemeinde habe ich nie Ablehnung erfahren. Ich bedaure sehr, dass es anderweitig so ist. Ich habe auch wunderbare Ärzte, Leberarzt, sowie Rheuma-Arzt, die mich sehr gut beraten und auch unterstützen, sogar zu Hause anrufen und nach meinem Befinden fragen.

Ich wünsche allen, die diese Therapie machen oder noch Zweifel haben, viel Erfolg. Es lohnt sich, haltet durch bzw. wagt es.
Es ist schwer, aber „nur“ für ein Jahr.

In dieser Zeit bekam ich wieder Kontakt zu einer Bekannten, die ich in der Klinik Hohe Mark kennengelernt hatte. Sie wohnt gerade 15 Minuten von mir entfernt und moderierte bei einem christlichen Radiosender namens „Spirit live Radio“. Sie fragte mich, ob ich bereit wäre, meine Geschichte im Radio zu erzählen und ich stimmte zu.

Auch hatte ich angefangen, trotz meiner Schwachheit, da ich zu dieser Zeit nicht singen konnte, die Gottesdienstleitung zu machen. Es ergab sich spontan, da ich niemanden gefunden hatte, der am Erntedankfest die Leitung übernehmen konnte. Ich hatte schon einige Ideen und dachte mir, wenn niemand da ist, mache ich sie selber, was ich dann auch tat. Da ich im Büro die monatliche Kalendereinteilung mache, trug ich mich auch für den 24.12. ein.

Ich staune heute immer noch darüber, wie Gott mich in der Zeit, wo ich glaubte zu schwach für alles zu sein, so sehr gebraucht hat, dass ich diese Erfahrungen machen konnte.

14. Gesegnetes Blut und zu viel Alkohol im Blut

Zwei Wochen vor Weihnachten 2012 ging es mir plötzlich schlechter. Ich kannte die Wirkung des Interferons von früher und wusste, dass die Therapie hart werden würde, aber bis dahin verlief es einigermaßen okay.

Mir wurde so schlecht, dass ich jedes Essen erbrach und nichts mehr drin behielt, obwohl ich immer noch die Tabletten gegen die Übelkeit nahm. Ich beschränkte mein Essen auf Tütensuppen, doch auch diese behielt ich kaum drin. Ich verlor rapide an Gewicht. Nun hatte ich für das Weihnachtsfest ein Drei-Gänge-Menü geplant, welches ich auch kochte. Außerdem hatte ich die Gottesdienstleitung an Heilig Abend und mir hierfür einige Wochen zuvor ein neues Kleid gekauft. Doch durch die Gewichtsabnahme rutschte es leicht. Jürgen meinte scherzhaft, ich solle mir doch einen Eimer neben das Pult stellen. Der Heilige Abend kam und ich schaffte es, den Gottesdienst zu moderieren ohne zu erbrechen oder umzukippen. Ich dankte Gott hierfür, denn es war ein schöner Gottesdienst, aber ich war froh endlich wieder zu Hause zu sein. Mein Essen hatte den anderen sehr gut geschmeckt, ich jedoch trank meine Suppe. Auch das gemeinsame Essen mit der Verwandtschaft hielt ich nicht durch und ging vom Restaurant aus früher nach Hause. Ich wurde immer schwächer, was mir gar nicht gefiel, aber die letzten Wochen musste ich noch durchhalten und irgendwie schaffte ich es.

Anfang Februar war die Therapie endlich vorbei. Geschafft, dachte ich und freute mich darauf, wieder zu Kräften zu kommen. Doch durch das Absetzen aller Medikamente fingen meine Blutwerte an verrückt zu spielen. Mein HB fiel noch mehr runter, meine Thrombozyten stiegen rapide an. Ich musste ASS, ein Mittel zur Blutverdünnung, nehmen und mein Leberarzt legte mir nahe, doch eine Bluttransfusion machen zu lassen. Das, was ich immer abgelehnt hatte, sollte also doch geschehen und ich bekam drei Konserven Blut zugeführt. Während das Blut in meinen Körper lief, betete ich und sagte: „Bitte lass nichts Schlechtes in dem Blut sein. Gerade habe ich die Hepatitis überwunden, ich möchte nicht schon wieder etwas bekommen“. Ich vertraue darauf, dass Gott dieses Blut gesegnet hat.

Mir ging es etwas besser durch die Transfusion, mein HB stieg auf 9,8 und ich war etwas erleichtert.

Mitte März 2013 stellte ich mich in der Rheumaambulanz vor um abzuklären, wann ich mit dem Enbrel wieder anfangen kann. Meine Schmerzen wurden immer schlimmer und die Gelenke waren alle geschwollen, sodass ich auch keinen Ehering mehr tragen konnte. In der Rheumaambulanz traf ich im Anmeldezimmer auf meinen Professor. Er fragte gleich, wie es mir gehe und ich zeigte ihm meine Hände, die an diesem Tag besonders dick waren. Er machte den Vorschlag, doch stationär in die Rheumaklinik zu gehen, doch ich verneinte, da ich die Kraft dazu nicht hatte, schon wieder ins Krankenhaus zu gehen. Er verstand es und ich wartete darauf zur Ärztin gerufen zu werden. Diese teilte mir mit, dass ich das Enbrel nicht mehr nehmen könnte, denn wenn noch ein Funke Hepatitis C im Körper wäre, könnte diese wieder ausbrechen. Was sollte ich jetzt machen? Das war das einzige Medikament, welches mir über Jahre geholfen hatte. Ich war im ersten Moment am Boden zerstört. Mein Professor machte daraufhin den Vorschlag, dass es noch eine Möglichkeit gäbe. Es wäre eine recht neue Methode das Rheuma einzudämmen. Das Medikament heißt Ribavirin und wird in Form einer Infusion intravenös verabreicht. Nach zwei Wochen bekommt man noch eine Infusion. Dies würde man alle sechs Monate durchführen. Ich war recht skeptisch und wollte etwas Bedenkzeit haben. Zunächst wollte ich erst mal in Ruhe Ostern feiern, deshalb vereinbarte ich einen neuen Termin einige Wochen später.

Zwei Tage später rief mich meine Ärztin aus Mainz an. Meine Blutwerte waren so schlecht und mein Entzündungswert vom Rheuma so hoch, dass ich am nächsten Montag nach Bad Kreuznach in die Klinik sollte um das Ribavirin zu bekommen. Ich müsste für vier Tage stationär aufgenommen werden, da noch Voruntersuchungen gemacht werden sollten, die Infusion sollte ich am Mittwoch bekommen und am Donnerstag wieder nach Hause gehen. Es war jedoch die Karwoche und ich fragte die Ärztin, ob sie mir garantieren könne, dass ich am Gründonnerstag wieder nach Hause gehen könnte, denn ich wollte unbedingt über Ostern zu Hause sein. Ich hatte schon ein miserables Weihnachtsfest gehabt und wollte ein schönes Osterfest feiern. Sie versprach es mir, ich willigte schließlich ein und Jürgen fuhr mich montags in die Klinik. Ich hatte mir von unserem Pastor den Laptop geliehen um an meinem Buch weiterzuschreiben, denn Zeit hatte ich dort genug.

Es wurden verschiedene Untersuchungen gemacht und ich wartete auf den Mittwoch, an dem ich die Infusion bekommen sollte. Am Dienstagmorgen weckte uns die Schwester und teilte mir mit, dass es fraglich sei, ob ich am Mittwoch die Infusion bekomme, vielleicht würde es auch erst am Donnertag gehen, dann würde ich am Freitag entlassen. Sofort schossen mir die Tränen in die Augen. Das kann doch nicht wahr sein. Es wurde mir doch fest zugesagt, dass ich am Mittwoch das Medikament bekommen sollte. Die Schwester ging wieder und ließ mich mit meinem seelischen Schmerz zurück. Bei der Visite fragte ich die Ärztin, wann ich das Medikament bekommen würde. Sie verstand überhaupt nicht, warum die Schwester dies gesagt hatte, selbstverständlich würde ich mittwochs die Infusion bekommen und könnte am Donnerstag nach Hause. Warum die Schwester diese Behauptung aufgestellt hat, weiß ich bis heute nicht, aber ich war sehr erleichtert.

Das neue Medikament wirkte die ersten Tage nicht, jedoch nach der zweiten Infusion spürte ich eine Besserung und konnte anfangen, das Cortison langsam wieder abzusetzen, welches mir die Ärztin verschrieben hatte, weil meine Gelenke so dick waren. Als zusätzliches Medikament sollte ich nach dem Cortison wieder Methotrexat ganz niedrig dosiert einnehmen. Ich klärte das jedoch vorher mit dem Leberarzt ab, da ich das MTX schon einmal genommen hatte und dadurch meine Leberwerte enorm gestiegen waren. Er gab mir ein Ja, jedoch sollte ich regelmäßig meine Blutwerte kontrollieren lassen.

„Endlich kehrt Ruhe in unser Leben ein“, dachte ich. Ich merkte jedoch, dass es Jürgen nicht gut ging. Er wirkte oft abweisend, depressiv und trank auch wieder öfter, keine großen Mengen aber mal hier, mal da ein bis drei Gläser Bier oder Wein. Da er auch Tabletten einnahm, wirkte der Alkohol recht schnell und selbst nach einem Glas Bier oder Wein wirkte er betrunken. Christian und ich sagten ihm das auch, aber er hörte nicht auf uns, winkte nur ab und sagte, es sei nicht so schlimm.

Eines Abends im April 2013, Jürgen hatte noch Urlaub, ging er Angeln. Jürgen liebt es zu fischen. Er sagte zu mir, ich solle nicht auf ihn warten, denn er wollte in die Nacht hinein angeln, da man bekanntlich nachts die besten Fische fangen würde. Er hatte zwei Freunde gefragt, ob sie mitkommen würden, beide konnten jedoch nicht. Also fuhr er alleine, was auch oft vorkam.

Um 3:30h wurde ich wach, weil es anfing zu regnen. Da ich die Schlafzimmertür immer offen habe, wusste ich, dass Jürgen noch nicht zu Hause war. Ich wunderte mich schon, stand auf, ging ins Wohnzimmer um ihn anzurufen. Er ging dran und ich fragte, wo er denn sei. „Auf der Polizei“, antwortete er mir. Im ersten Moment dachte ich, er hätte einen Unfall gehabt, dann jedoch fragte ich impulsiv: „Hast du getrunken?“ „Ja“, kam als Antwort; „ich brauche hier noch etwas und komme dann heim“. Wir legten auf und ich wartete, jedoch rasten meine Gedanken. Wie viel hatte er wohl getrunken? Hoffentlich hatte er niemanden verletzt. Eine halbe Stunde später kam Jürgen zusammen mit zwei Polizisten nach Hause. Ein Polizist kam mit ins Haus und Jürgen gab ihm seinen Führerschein, was ich im ersten Moment gar nicht richtig mitbekommen hatte. Jürgen unterschrieb noch ein Formular. Währenddessen fragte ich den Polizisten, wie lange der Führerschein denn weg wäre und er sagte: „Sehr lange“, teilte uns noch mit, wo unser Auto stand und verabschiedete sich dann. Jürgen saß ganz deprimiert auf der Couch. Ich wusste gar nicht, was ich sagen sollte. Ich schickte ihn ins Bett und versuchte auch noch etwas zu schlafen, fand aber keine Ruhe. Also stand ich wieder auf und googelte wie lange der Führerschein bei 1,66 Promille, was mir der Polizist gesagt hatte, weg wäre und erschrak. Ein Jahr lang würde er nicht mehr Auto fahren dürfen. Was sollte denn aus seiner Arbeit werden? Würde er die Arbeit jetzt verlieren? Dann würde uns wieder Geld fehlen, denn seine Rente war nicht allzu hoch. Ich war am Boden zerstört.

Später weckte ich Christian und erzählte ihm, was mit Jürgen passiert war. Er war auch betroffen, aber eigentlich hatten wir beide damit gerechnet, dass so etwas irgendwann passieren würde. Ich zumindest war im Grunde genommen erleichtert, dass er endlich einmal angehalten wurde.

Im Büro suchte ich das Gespräch mit Pastor Hilmar Schultze und erzählte ihm unter Tränen davon und wir beteten zusammen. Außerdem machte ich einen Gesprächstermin zwischen Jürgen und ihm aus, denn das brauchte Jürgen jetzt dringend.

Ich redete auch mit meiner Therapeutin darüber. Jürgen sagte einmal zu mir, dass er mich als Stütze bräuchte und wenn ich nicht da wäre, würde er trinken, da er keinen Halt hätte. Aber ich kann das nicht auf Dauer sein, denn dazu bin ich selbst nicht stark genug, so sagte es zumindest meine Therapeutin und dieser Meinung bin ich auch.

Mein neues Medikament gegen das Rheuma half mir leider doch nicht so, wie ich es erhofft hatte. Die Schmerzen waren immer noch da und meine Fingergelenke waren weiterhin geschwollen. Ich fragte bei meinem Leberarzt nach, warum ich das Enbrel nicht mehr nehmen könnte, denn das war das einzige, was mir geholfen hatte. Er erwiderte, dass es egal sei, welches

Rheumabasismedikament ich nehmen würde. Wenn wirklich noch etwas von der Hepatitis in meinem Körper wäre, würde es bei jedem Basismedikament wieder ausbrechen. Das machte mir etwas Hoffnung. Zunächst sollte ich aber die Blutuntersuchung abwarten, die durchgeführt wurde. Wenn der Virus weiterhin negativ sei, würde nichts dagegen sprechen, das Enbrel wieder zu nehmen. Drei Tage später rief mich der Arzt an und teilte mir mit, dass der Virus weiterhin negativ sei, was bedeutet, dass ich geheilt war, denn die Therapie war seit drei Monaten vorbei. Er wollte in den nächsten Tagen mit meiner Rheumaärztin über meine Situation reden und ich bat ihn, die Ärztin solle mich doch bitte informieren, wie es weitergehen würde. Also musste ich noch ein paar Tage durchhalten. Meine Gelenke verursachten mir viele Schmerzen, besonders morgens waren sie sehr dick. Ich hoffte und betete, dass es klappen würde mit dem Enbrel.

Ich bekam die Zusage, mein Enbrel wieder nehmen zu können, sobald das Rituximab im Körper verschwunden sei, musste so lange jedoch das Kortison weiter einnehmen. Evtl. müsste ich auch an den Händen operiert werden, da ich eine sehr aggressive Art des Rheumas habe.

Jürgen bekam im Juni 2013 den Bescheid, dass sein Führerschein noch für weitere sieben Monate eingezogen bleibt und er eine Geldstrafe von ca. 1400 € bezahlen musste. Ich war davon nicht begeistert, aber auch das werden wir hinbekommen.

Was die Zukunft bringen wird weiß ich nicht, aber ich vertraue darauf, dass, egal was kommt, Gott bei uns ist.

Schlussworte/Danke

Ich bin nun am Ende mit meiner Erzählung aber ich weiß, dass das Leben noch viele Gegebenheiten bringt. Das Leben geht weiter.

Jürgen hat mir versprochen nie wieder etwas zu trinken. Er geht wieder in die Blaue Kreuz Gruppe und zu Pastor Hilmar Schultze zum Gespräch. Doch ich habe noch meine Zweifel, denn er hatte mir schon einmal versprochen nichts mehr zu trinken. Ich bete darum, dass Gott ihm die Kraft dazu gibt.

Pastor Hilmar Schultze hat ein Gebet verfasst, welches „Heilendes Gebet" heißt. Ich möchte Ihnen dieses wunderbare Gebt nicht vorenthalten, da es mir und hoffentlich auch Ihnen weiterhelfen kann.

Heilendes Gebet
– eine Ritualisierung von geistlichen Wahrheiten -
Lieber Vater, lieber Herr Jesus Christus,
Ich danke dir, dass ich dich erfahren habe
und meine Zweifel nicht gesiegt haben.
Ich danke dir, dass du genau so angefochten wurdest wie ich
und um meinetwillen dein Kreuz getragen hast.
Ich danke dir, dass du für mich am Kreuz gestorben bist,
ich war dir wohl sehr viel wert.
Ich danke dir für diesen Tag,
für das Leichte und Schwere.
Ich danke dir, dass ich einzigartig von dir geschaffen wurde,
von dir gewollt und geliebt.
Ich danke dir, dass ich liebenswert für andere Menschen sein kann,
begabt und schön.
Ich danke dir für die Vergangenheit,
die dazu gedient hat, dass ich jetzt mit dir spreche.
Ich danke dir für die Gegenwart,

heute darf ich leben, essen, trinken, lachen und weinen.

Ich danke dir für die Zukunft,

die bei dir hell, klar und schön sein wird.

Ich danke dir, dass es nichts und niemanden gibt,

der mich aus deiner Hand reißen kann.

Wenn mir auch gleich Leib und Seele verschmachten, so bist du doch mein Trost und mein Teil.

Psalm 73, 26

Amen!

Hilmar Schultze

Ich habe in meinem Leben sehr viel erlebt, viele Krankheiten und psychische Probleme. Ich wurde von den Menschen, bei denen ich dachte sie würden mir eine Hilfe sein, im Stich gelassen, verletzt, bestohlen und verleumdet. Doch ich habe gelernt damit zu leben. Ich wurde von den Menschen, die in meine Gemeinde gehen im Gebet getragen und habe viel Unterstützung erhalten und ich danke hiermit allen ganz herzlich dafür.

Doch am allermeisten danke ich meinem Herrn Jesus Christus. Ohne ihn wäre ich heute nicht mehr am Leben, ohne ihn wäre ich heute nicht mehr verheiratet, ohne ihn hätte ich nicht einen wunderbaren Sohn und einen wunderbaren Mann, die mich trotz all meiner Krankheiten und Probleme bindungslos lieben und ohne Jesus wäre mein ganzes Leben sinnlos. Ich weiß, egal was die Zukunft auch bringt, ich kann Gott alles hinlegen, er sorgt für mich, er macht alles gut.

Ich danke hiermit auch allen Menschen, die damals nach dem Unfall für mich gebetet haben, die alles stehen und liegen gelassen haben um sich zum Gebet zu versammeln. Ohne diese Gebete und Gottes eingreifen wäre ich sicher nicht mehr am Leben. Vielen Dank euch allen, insbesondere den

Geschwistern der FeG Worms und der Kirche des Nazareners in Frankenthal.

Ich wünsche mir, dass dieses Buch Ihnen Trost im Leid gibt und ein Wissen, dass egal was kommt, Gott hindurch trägt. Manchmal ist es nicht einfach und es gibt Momente, da möchte man nur noch aufgeben. Aber ich weiß, dass man es mit SEINER Hilfe schaffen kann, und ich weiß, wenn ich einmal sterbe, bin ich bei IHM im Himmel und dort gibt es kein Leid und keine Tränen. Dann werde ich IHM Jubellieder singen.

Ich danke allen, die mir Mut gemacht haben, dieses Buch zu schreiben und die mir dabei geholfen haben es fertigzustellen.

Ich schließe mit meinem Lieblingsvers aus Römer 8,28:

Wir wissen aber, dass denen die Gott lieben, alle Dinge zum Besten dienen.

Eure Frauke Dietrich

2657104R00063

Printed in Germany
by Amazon Distribution
GmbH, Leipzig